少子社会の子ども家庭福祉

山縣文治

少子社会の子ども家庭福祉（'15）

©2015　山縣文治

装丁・ブックデザイン：畑中　猛

まえがき

　「子どもが発見されました」。この言葉を聞くと，「お子さんは，迷子だったのですか，行方不明だったのですか」と感じられる方が多いのではないかと思います。

　実は，この言葉，子どもにまつわる研究等をしている者にとって，非常に重要な意味をもっています。歴史を振り返ると，子どもという存在が意識されたのは，近代以降であるといわれています。ルソー. J. Jは，『エミール』(1762) という著書の中で，「人は子ども時代というものを知らない。…いつも子どもを大人に近づけることばかりに夢中になり，大人になるまでの子どもの状態がどのようなものであったかを考えようとはしない」と記しています。この本で著者が示した子ども観が，その後「子どもの発見」といわれるようになったのです。アリエス.Fは，『子どもの誕生』(1960) において，「中世ヨーロッパには教育という概念も，子ども時代という概念もなかった」といっています。

　発見されたのは何か。大人と違う存在としての子ども，人間の成長発達の一時期としての子ども期なのです。

　子ども家庭福祉は，第一に，すべての子どもが，より幸せに，より豊かに生きていく社会を考えるために存在します。決して，保護すべき子どもや，社会的支援の必要な子どものことを中心に考えるためのものではないのです。

　しかしながら，現実には，後者のような問題や課題が，日々新聞やテレビの話題として飛び交っています。皆さんの身近でも起こっている可能性は高いと思います。したがって，このような状況にある子どもたちに対する取り組みも重要な課題となります。

「こうのとりのゆりかご」のことを聞いたことがありますか。熊本県のある病院が，虐待などで子どもが殺されてしまったり，人工妊娠中絶によって堕胎されたりする子どもたちの多さに心を痛め，24時間の電話相談と並行して，匿名で，かつスタッフと顔を合わすこともなく，新生児を預かるために作られた仕組みです。ここに7年間で約100人の子どもが預けられました。一番大きな子は3歳だったそうです。障がいのある子どももいたそうです。

この仕組みの是非も重要ですが，現に，利用する親・関係者がそれなりに存在するという現実から目を背けるわけにはいきません。

児童相談所，主任児童委員，世の中にはさまざまな仕組みが整備されていますが，知られていなければ使われることはありません。そこが，自分にとって不都合であったり，不愉快なところであったりすれば，使おうとは思いません。

単に，制度やサービスを作るだけでは，有効ではないということです。利用者である，子どもや保護者が，そこを信頼し，利用してみたいと思うものでなければならないのです。そのためにも，利用者視点での制度やサービスの振り返りが必要です。

> 遊びをせんとやうまれけむ。戯れせんとやうまれけむ。遊ぶ子どもの声聞けば，我が身さへこそ動がるれ（後白河法皇編『梁塵秘抄』）

> 子どもは獣であっても成人した人間であってはならない（ルソー『エミール』）

子どもが子どもらしくあることのできる社会。子ども家庭福祉論では，このような社会を夢見つつ，そのための社会や制度のあり方を考え

ていきたいと思います。

　子どもは，大人になるために生まれてきたのではないと思っています。ましてや，社会を担うために生まれてきたわけでもないと思います。まずは，生まれてきたことを喜び，子ども期を子どもらしく生きるために生まれてきたのです。

　好むと好まざるとに関わらず，子どもは成長という過程を経て，大人にならざるを得ないのです。結果として，社会を担うことにもなります。

　せめて子ども期だけは，子どもが子どもらしくあることのできる社会。子どもの存在を温かく見守る社会。子ども家庭福祉論では，このような社会を夢見つつ，そのための社会や制度のあり方を考えていきたいと思います。

2014年12月
山縣文治

目次

まえがき　　山縣文治　3

1　現代社会の特徴と子ども家庭福祉問題　11
1．少子高齢化の進行　11
2．子どもの育ちと環境　14
3．現代社会における子ども家庭福祉問題　16
4．子ども家庭福祉の意義　20

2　子ども家庭福祉の基本的枠組みと理念　24
1．子ども家庭福祉のとらえ方　24
2．基本的枠組みとターゲット　27
3．子どもの人権と子ども家庭福祉の理念　31

3　子ども家庭福祉のあゆみ　37
1．社会福祉の原初形態　37
2．欧米の子ども家庭福祉のあゆみ　40
3．日本における子ども家庭福祉のあゆみ　43

4　子ども家庭福祉の援助　51
1．社会福祉援助の基本　51
2．子ども家庭福祉における援助の特性　54
3．子ども家庭福祉分野におけるソーシャルワーク実践に求められる視点　58

5 | 子ども家庭福祉の法律と制度体系　64
1. 子ども家庭福祉の法律　64
2. 子ども家庭福祉施策の体系と類型　71
3. 子ども家庭福祉の財政　73

6 | 子ども家庭福祉の実施体制　78
1. 子ども家庭福祉行政の機構　78
2. 子ども家庭福祉の実施機関　81
3. 子ども家庭福祉等施設　87

7 | 就学前の保育・教育と子ども家庭福祉　91
1. 戦前の幼稚園・保育所　91
2. 戦後の就学前の保育・教育施策　92
3. 現代の就学前保育・教育施策　96
4. 就学前保育・教育施策の課題　100

8 | 地域子育て支援と子ども家庭福祉　104
1. 就学前保育・教育施策のあゆみと地域子育て支援　104
2. 地域子育て支援とは何か　108
3. 地域子育て支援施策の課題　115

9 | 社会的養護と子ども家庭福祉　117
1. 現代の社会的養護問題を理解する枠組み　117
2. 社会的養護施策の動向と全体像　121
3. 社会的養護の基本理念と原理　125
4. 社会的養護施策の課題　129

10 子ども虐待と子ども家庭福祉　131

1．子ども虐待とは何か　131
2．子ども虐待相談の仕組みと相談の動向　134
3．子ども虐待への対応　138
4．子ども虐待支援の課題　142

11 ひとり親家庭と子ども家庭福祉　144

1．ひとり親家庭の定義　144
2．ひとり親家庭の現状　146
3．ひとり親家庭福祉施策の目的と推進体制　149
4．主なひとり親家庭福祉施策　151
5．ひとり親家庭福祉施策の課題　155

12 障がいのある子どもと子ども家庭福祉　158

1．障がいのとらえ方　158
2．障がい福祉施策の動向と新たな福祉理念　161
3．障がいのある子どもに対する福祉施策の目的と対象児の状況　163
4．障がいのある子どもに対する主な福祉施策　164
5．障がいのある子どもに対する福祉施策の課題　168

13 母子保健と子ども家庭福祉　172

1．母子保健を取り巻く状況　172
2．母子保健施策の動向と目的　176
3．主な母子保健施策　180
4．母子保健施策の課題　183

14 さまざまな子ども育成施策と子ども家庭福祉　186

1．情緒障がい児福祉と子ども家庭福祉　186
2．非行少年福祉と子ども家庭福祉　189
3．子ども健全育成と子ども家庭福祉　195

15 子ども家庭福祉の展開と展望　200

1．戦後日本の社会福祉の特徴　200
2．ここ20年の社会福祉改革の目指したもの　201
3．子ども家庭福祉分野における改革　205
4．子ども家庭福祉の課題　211

索引　214

1 | 現代社会の特徴と子ども家庭福祉問題

《**目標＆ポイント**》 本章では，今日の子どもが置かれている状況を，人口構造，社会生活など，多様な側面から解説し，子ども家庭福祉を学習する意義について確認します。
《**キーワード**》 少子高齢社会，3つの社会化の場，子ども家庭福祉問題

1．少子高齢化の進行

（1）少子高齢社会を示す指標

　出生数や死亡数などの人口動態，年齢ごとの人口，人口構造などは，その時代の社会の活力のみならず，将来のそれをも占うことのできる重要な指標です。

　現在，日本では，少子高齢化が進んでいるといわれています。少子高齢社会は，少子化と高齢化が同時に進行する社会のことをいいます。少子高齢社会の特徴は，少子社会を示す指標，高齢社会を示す指標，人口構造全体を示す指標，の大きく3つで表すことができます。少子社会を示す指標には，出生数，合計特殊出生率[1]，年少人口指数[2]，高齢社会を示す指標には，平均寿命，老年人口指数[3]，人口構造全体を示す指標には，人口ピラミッド，従属人口指数[4]，などがあります。

（2）出生の動向

　厚生労働省の発表によると，2012年の年間出生数は約103万7千人

で，統計の残る1899年以降で，最も少なかったそうです（図1-1）。2012年の合計特殊出生率は1.41であり，前年度（1.39）より少し上昇しました。最も低かった2005年（1.26）に比べるとかなり上昇していますが，合計特殊出生率が上昇しているにもかかわらず，年間出生数は1万4千人近く減少したことになります。

1970年から1975年頃の間に生まれた人たちのことを，第2次ベビーブーム（団塊ジュニア）世代といいます。この世代は，すでに40歳前後となっており，現在出産の時期を迎えているのは，それより少し後

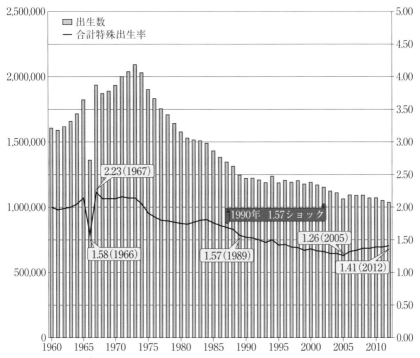

図1-1　出生数と合計特殊出生率

に生まれた女性ということになります。すなわち、合計特殊出生率は上昇しても、生む女性そのものが急激に減少しており、出生数が減少しているというわけです。出生数の急激な減少は、出生数が横ばいになる1990年以降生まれの人たちの出生時期まで、これから10数年続くことになります。

出生数の横ばいは、合計特殊出生率が人口置換水準（日本では2.07といわれている）に達しなければ起こりません。そうすると、急激な出生数の減少のあとは、出生数が安定したり、上昇したりするわけではなく、緩やかに減少し続けるということを意味しています。

（3）少子高齢社会の進行

図1-2は、年少人口指数、老年人口指数、従属人口指数の関係を示したものです。この図では、長い間、差があった年少人口指数と、老年人口指数が1990年代前半で逆転し、その後は一方的にその差が開き続けています。また、従属人口指数が、同じく1990年代から上昇し始めていますが、その中身は、老年人口の増加によるものであることが

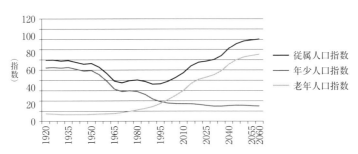

＊2015年以降は人口中位推計に基づく推計値
資料：国立社会保障・人口問題研究所『日本の市区町村別将来推計人口』（2012年12月推計）

図1-2　従属人口指数等の推移

わかります。従属人口指数自体は，1950年代前半までも5割を超えていたのですが，当時は年少人口中心の従属人口であり，現在とはその中身が異なることがわかります。

　このような状況を踏まえ，国では，少子化を意識した計画から，少子高齢社会全体を視野に入れた社会のあり方を模索する社会保障全体の改革への取り組みが始まっています。そのこともあってか，図1-1に示すように，ここ10数年は，合計特殊出生率は少し上昇しています。しかしながら，前項で示したように，出生数自体は減少しているのです。また，2012年の死亡数は124万5千人で，総人口の減少は，過去最大の21万2千人となっています。これからの日本の人口動態の特徴は，人口減少，少子化，高齢化という3つの現象が，同時に進行する点にあります。

2. 子どもの育ちと環境

　子どもは育つ存在であると同時に，育てられる存在でもあります。このような子どもの育ちにおいて，家庭は重要な意味をもちます。明治の思想家，福沢諭吉は，「家は習慣の学校なり，父母は習慣の教師なり。而してこの習慣の学校は，教授の学校よりも更に有力にして，実効を奏すること極めて切実なるものなり」[5]といっています。明治初期は，学校制度がまだ十分普及している状況ではありませんでしたが，今日においても，この言葉は意義のあるものです。

　一方，現代の家族は，構造と機能の急激な変化，家族に対する社会の価値観や意識の変化，これらと併行して進んだ家族機能の外部化・社会化により，子どもに対して果たす役割が大きく変化してきています。

　一般に子どもの育つ環境あるいは社会化の場は，3つあるといわれて

います。このうち、家庭は第一次社会化の場といわれます。「家族とは、夫婦関係を基礎として、親子、きょうだいなど少人数の近親者を主要な構成員とする、第一次的な福祉追求の集団である」[6]。構成員の福祉（生活）を支えていく、最も身近な単位が家庭であり、子どもは当然のことながら、生活を支えられる存在ということになります。子どもにとって生活を支えられるとは、育てられる（＝社会化）こと、ということもできます。第一次社会化の場は、子どもの人生の出発点であり、安全・安心の基地、さらには基本的な生活保障の場であるということができます。

　しかしながら、乳児期はさておき、子どもは大きくなるにつれ、家庭だけではなく、地域社会との関係のなかで生きていくことになります。地域住民や地域環境が子どもの社会化に影響してくるということです。これを第二次社会化の場といいます。公園、お寺や神社の境内、路地裏、子ども仲間、地域住民との交流など、子どもを取り巻くインフォーマルな環境が、子どもの育ちを支えているということになります。第二次社会化の場は、子どもが初めて出会う、家庭とは異なる小さな社会であり、日常的な生活場面を通じて、非意図的に社会化を行うことが多く、子どもだけでなく、親も含めた育ちの場ということができます。

　フォーマルな立場で、子どもの社会化を行うのが、学校、幼稚園、保育所などの社会制度です。これを第三次社会化の場といいます。第三次社会化の場は、社会人として生きていくための基礎知識を、多くの場合、意図的な学習等を通じて提供するところに特徴があります。

　一般的には、このような3つの社会化の場を通じて子どもは育ちますが、近年は、家族の機能低下、地域社会の福祉力の低下が指摘されています。すなわち第一次社会化の場と第二次社会化の場という、子

どもの育ちの初期段階の機能が低下しているということです。そのため，両者の機能を回復する支援を行いつつも，それを代替する社会施策が必要となってきています。保育所や幼稚園における子育て支援機能や，NPOなどの市民活動による新たな社会化資源の創出などです。

3. 現代社会における子ども家庭福祉問題

　子どもの福祉問題は，政策としての福祉が成立して以降，常に意識されてきたものです。しかしながら，具体的な課題は，その時代の状況によって異なります。ここでは，現代社会の特徴である少子高齢社会そのものが抱える問題，子どもの育ちにおける問題，子どもが育つ場面における問題などについて概観します。

（1）少子高齢社会の問題

　少子高齢社会がもたらす大きな問題は，人口の高齢化による社会保障負担の増大です。これは，事実上，生産年齢人口の生活を圧迫することになります。また，年少人口の将来の生活に不安を与えることにもなります。このような状況が，若年世代の社会保障制度非加入者の増加，結婚へのちゅうちょ感，あるいは出生数抑制の要因の一つになっていると考えられます。

　図1-2で，人口3区分による，各種の指数の推移を示しました。このうち，老年人口指数は，生産年齢人口にかかる老年人口の割合を示すものでした。これを，老年人口を1にして，生産年齢人口の人数を示すと，一人の高齢者を支えるために必要な生産年齢人口がわかります。これによると，今から50年ほど前の日本社会は，一人の高齢者に対して10人以上の生産年齢人口が存在し，一人の生産年齢人口にかかる負担が少ない社会でした。これが，今から10年前には約3人で一人

になり，さらに40年後には一人強で支える肩車のような社会がやってくると予想されています。

このような人口構造の変化は，これまでの社会保障のあり方を大きく変える必要性を示しており，社会保障制度改革国民会議を通じて，国民の声を聞きながら，改革が進められています。

(2) 子どもの成長・発達をめぐる問題

子ども期は，心身の成長発達の著しい時期です。遺伝と環境，成熟と学習のプロセスを経て，子どもは，身体的特性，情緒的特性，社会的特性などを個々に獲得し，それぞれの個性を身に付けていきます。

今日では，子どもの身体的発達における問題点は，かつてに比べるとかなり減少していますが，生活習慣病，アトピー，皮膚病，肥満など，食環境や食習慣との関連が疑われる病気，近眼などの日常生活のあり方との関係が疑われる病気については増加傾向にあります。

また，情緒面や社会性の発達は，身体的発達以上に今日では大きな問題となっています。人間は，基本的な発達課題を達成しながら成長する存在であるといわれますが，基本的発達課題が十分に達成できないままに，身体あるいは歴年齢のみが成長し，両者の間のバランスが失われているものも多くいます。いわゆる心のケアの必要な子どもです。

このような結果が，子どもの自殺などに現れています。2012年の人口動態統計調査の年齢5歳区分別死亡原因をみると，「15～39歳」の人たちの死因の第1位は自殺・自死となっています。「10～14歳」でも3位であり，思春期の子どもたちの生きづらさが顕著になっています。このような傾向は男女で大きな差はありません。

（３）家庭生活における問題

　自信の喪失は子どもばかりではありません。育てる親もまた，自信を喪失しています。母親の生活は，時間的にも精神的にも極めて窮屈なものとなっています。とりわけ，子どもが小さいうちは親子で家庭のなかに閉じこもりがちであり（子育ての密室化），ストレスは一層高まります。地域社会には仲間が少なくなり，LINE やチャットなど，インターネット空間でしか仲間を見いだすことのできないものも少なくありません。

　一般に，社会とのつながりの希薄さがストレスを生じさせるといわれます。このようなストレスや自信喪失は，有職主婦よりも専業主婦に多いという結果が報告されています。ストレスや自信の喪失が高まると，子どもの虐待や養育の放棄につながることもあります。

　家庭での親子関係においては，この他にもさまざまな問題が生じています。たとえば，家庭が安らぎの場でなく，苦痛の場となっている子どもの存在，子育て環境としての住宅の問題，母子家庭，父子家庭などのひとり親家庭の増加，親が親として機能していない家庭の増加などです。

　さらに，深刻となっているのが，子どもの貧困問題（図1-3）です。2010年の国民生活基礎調査での相対的貧困率は，国民全体で 16.0％，子どもで 15.7％となっています。OECD の相対的貧困率の報告によると，2000年代半ばまでは，加盟国30か国中，日本の子どもの貧困率は11位で，かなり高い水準です。国では，このような状況を受け，2013年に，子どもの貧困対策の推進に関する法律を制定し，貧困への総合的な対策を講じることになりました。

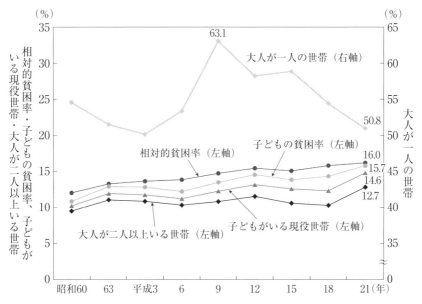

出典：厚生労働省調べ
注：1) 平成6年の数値は，兵庫県を除いたものである。
　　2) 貧困率は，OECDの作成基準に基づいて算出している。
　　3) 大人とは18歳以上の者，子どもとは17歳以下の者をいい，現役世帯とは世帯主が18歳以上65歳未満の世帯をいう。
　　4) 等価可処分所得金額不詳の世帯員は除く。

図1-3　子どもの貧困率

（4）学校や地域社会における問題

　現代の子どもがストレスを感じている場の一つが学校です。高学歴志向社会のなかで，教科学習の問題だけでなく，しつけや生活習慣，家庭内の問題など，学校には多くの問題が持ち込まれます。学校現場はこれへの対応能力が低く，かつては校内暴力が，今日ではこれに加えて，いじめの問題が広がり，学校が一部の子どもにとって安心して学び，遊べる場ではなくなっています。

不登校問題も，学校現場に存在する問題のなかでは，関心が高まっているものの一つです。高校は就学が義務化されていないため，これが中退という形で現れます。中退者は一時期に比べ減少傾向にありますが，2010年で5.5万人以上，中退率は1.64%となっています。

学校での問題は，地域社会での生活にも影響を及ぼします。地域社会の福祉問題は，かつてのような，地域社会からの孤立や，地域の福祉力の低下という問題だけでなく，子ども仲間がもたらす問題としても現れています。とりわけ，インターネットあるいはスマートホンの普及は，人間関係を崩れさせる原因の一つとなっており，時には殺人の加害者や被害者となったり，性的な関係の強要，ストーカー事件などにつながったりしています。

4. 子ども家庭福祉の意義

子ども家庭福祉を推進していくことには，さまざまな意義があります。これを，子ども，家庭，地域社会，社会全体という大きく4つの側面から考えてみたいと思います。

(1) 子ども

子ども家庭福祉は，何よりも子ども自身のために存在するものです。したがって，その意義は，子ども自身の育ちにおいて，最も顕著に現れる必要があります。

次章で詳述しますが，子どもの育ちは，能動的人権（自ら，自分らしく育ち，生きる権利）と受動的人権（親や社会によって育てられ，必要な場合には，社会によって保護される権利）の基盤の上に保障される必要があります。子ども家庭福祉は，このような，能動的人権と受動的人権を包括的に保障する理念であり，政策であり，また実践で

もあります。

児童福祉法第3条では,「前二条に規定するところは,児童の福祉を保障するための原理であり,この原理は,すべて児童に関する法令の施行にあたって,常に尊重されなければならない」と規定しています。この規定は,子ども家庭福祉の原理(第2章参照)が,子ども家庭福祉施策においてのみならず,子どもに関係するあらゆる法律で尊重されるべきものであることを示しています。

(2) 家庭

家庭は,子どもの育つ環境であり,また子どもを育てる主体でもあります。したがって,家庭の機能が適切に遂行されていなければ,子どもの育ちも揺らぐことになります。

子ども家庭福祉という考え方は,かつては児童福祉と呼ばれていたものです。法律の名称までには至っていませんが,国や地方自治体の政策や,学会等において,次第に普及してきています。児童の権利に関する条約の成立(1989)や国際家族年(1994)などを経て,保護的な福祉観からの脱却の必要性と家庭のなかで育つ存在の意識化の必要性が認識されつつあります。このような社会的な認識の変化もあり,子ども家庭福祉は,家庭の機能が適切に遂行できるよう支援するものとして,また,必要に応じて代替するものとして,家庭においても意義深いものとなっています。

(3) 地域社会

地域社会もまた,子どもの育ちにおいては重要な意味をもちます。第一次産業中心の社会では,地域は生産の基礎を共有すべき重要な存在でした。また,社会資本の充実していなかった時代の都市部におい

ては，安全と安心を保障するという意味をもっていました。

　ところが，工業を中心とした第二次産業社会，物の消費を中心とした第三次産業社会を経て，現在では，第四次産業社会といわれることもあるソフトウエア産業，情報通信産業，技術開発など，物質やエネルギーなどの大量消費を伴わない社会となりつつあります。このような社会は，個別性の高い社会であり，直接的な人間のつながりを弱めていく社会です。

　子ども家庭福祉は，このような人と人とのつながりの弱くなっている社会において，公私の社会資源が親子の育ちにかかわることによって，つながりの必要性を再認識させ，新たな地域社会のありかたを模索するものでもあります。これは，子ども家庭福祉に限らず，高齢者福祉，障がい者福祉，外国人福祉などからもアプローチされており，その総体が地域福祉として開花することが期待されています。

(4) 社会全体

　子どもは，今の社会の活力となるだけでなく，将来の社会を支える重要な存在です。子どもは，決して次代を担うために生まれてきたわけではありません。しかしながら，国家や地域社会の持続を考えたとき，子どもが減少する社会は，それを困難にさせることになります。

　したがって，子ども家庭福祉は，結果として，国家や地域社会を維持していくための意義をもつということになります。

》〉 注・引用文献
(1) 1人の女性（15歳から49歳まで）が生涯に生む子どもの数。
(2) 生産年齢人口（15歳から65歳未満）に占める年少人口（0歳から15歳未満）の割合。
(3) 生産年齢人口に占める老年人口（65歳以上）の割合。
(4) 生産年齢人口に占める従属人口（年少人口と老年人口の和）の割合。
(5) 福沢諭吉（1878） 教育の事，中村敏子編（1999），福沢諭吉家族論集，岩波文庫。
(6) 森岡清美（1978） 家族周期論，培風館。

1. 子どもが生まれにくくなっている原因を多角的に考えなさい。
2. あなたが子どもの頃と比べて，今の子どもたちの生活はどのように変化していますか。プラスの面とマイナスの面を整理しなさい。
3. SNSのメリットとデメリットについて考えなさい。

参考文献

1. 阿部彩（2014） 子どもの貧困Ⅱ：解決策を考える，岩波新書
2. 内閣府（2013） 少子化社会対策白書，勝美印刷
3. 盛山和夫編（2012） 少子高齢社会の公共性，東京大学出版会
4. 高野良子編（2013） 少子社会の子育て力：豊かな子育てネットワーク社会をめざして，学文社
5. 原田彰・望月重信編（2012） 『子ども社会学への招待』ハーベスト社

2 | 子ども家庭福祉の基本的枠組みと理念

《目標＆ポイント》 本章では，まず，子ども家庭福祉のとらえ方，基本的枠組みとターゲットを示します。さらには，このようなとらえ方の背景にある，子どもの人権概念，その概念を基礎にした，子ども家庭福祉の理念について学びます。
《キーワード》 子ども家庭福祉の援助観，子ども家庭福祉の理念，児童の権利に関する条約

1. 子ども家庭福祉のとらえ方

(1) なぜ子ども家庭福祉というのか

　今日では，社会あるいは制度の側が対応すべき問題を決めるというよりも，利用者の意思を尊重した問題の把握やサービスの枠組みが必要となってきています。社会福祉基礎構造改革では，これを利用者本位の制度と呼びました。子どもの福祉に関連する領域では，児童の権利に関する条約（1989）や国際家族年（1994）により，個人の主体性を尊重すること，あるいは家庭内の民主化が必要であること，などが強く意識されたことによる影響も大きいといえます。
　これらは，従来の保護的福祉観を大きく転換させ，主体性の福祉観ともいえる，利用者や住民の主体的意思を尊重した福祉観の必要性を明らかにしました。この時期，従来の「児童福祉」という用語から，新たに「子ども家庭福祉」という用語を使うことで，このような福祉

観の転換を積極的に意識する必要性が主張されはじめました。

　子ども家庭福祉という言葉は，一般には大きく2つの意味で使われています。第1は，「子どもが幸せに暮らすこと」あるいは「子どもらしい生活をしている状態」など，漠然とした意味で使う場合です。このような意味で子ども家庭福祉という言葉を使う場合を，目標概念あるいは理念型と呼びます。第2は，具体的中身は別にして，何らかの問題を解決するための方策や技術をさす場合です。このような意味で子ども家庭福祉という言葉を使う場合を，実体概念あるいは実体型と呼びます。当然のことながら，科学あるいは政策としての，子ども家庭福祉を考える場合には，後者の意味でこれを使います。

(2) 現象的にとらえる考え方

　これは，社会現象に対する一般社会の判断で子ども家庭福祉の問題を想定する場合です。何を問題とするかについての科学的基準はなく，市民の相当数が問題だと認識すればそれを問題と考えたり，厚生労働省の管轄にあるものが子ども家庭福祉であるといった程度の枠組みしか存在しません。子ども家庭福祉に限らず，福祉の問題は，一般的に，専門家以外でも誰もが語ることができるように思われますが，それは，このような一面があるからです。

(3) 資本主義体制との関係でとらえる考え方

　社会福祉は，経済問題に限らず，さまざまな貧困への取り組みという見方もできます。このような貧困問題の発生は，個人の豊かさを追求することを前提とした資本主義体制では，絶対的にも，相対的にも避けて通ることができません。すなわち，利潤をより大きく追求しようとすればするほど，誰かを犠牲にしたり，貧困者を生み出してしま

うということになりますし，得られた利潤に差が出ることにもなるからです。

　子どもは，もともと生産体制の外にある存在であり，家族が貧困に陥れば，同時に貧困に陥ってしまいます。したがって，子ども家庭福祉は，基本的には家族福祉の一環として存在し，子どもの育ちに直接かかわるだけでなく，家族が機能しなくなった場合には，家族に代わって子どもを保護・育成するということになります。

（4）政策対象としてとらえる考え方

　これは，第2の考え方を発展させたもので，資本主義体制が貧困などの要援護者を必然的に生み出す体制であるとするならば，それを解決緩和する社会福祉政策を妥協的，保護的に位置づけるのではなく，より積極的に位置づけようとするものです。すなわち，資本主義体制から生じる貧困という狭い見方ではなく，一般社会政策に並ぶものの一つとして社会福祉政策を位置づけるものです。現在の子ども家庭福祉政策はこれに最も近いといえます。

（5）機能としてとらえる考え方

　これは，社会体制を超えて存在する，子どもの成長発達上のニーズを満たす方策と考えるものです。人間が社会生活を営む際には，社会制度との間に関係を結ぶ必要がありますが，それが円滑に結べない場合に，社会福祉ニーズとして顕在化します。このような考え方は，代表的な論者である岡村重夫の名前を取って，岡村理論と呼ばれることもあります。

　岡村理論では，社会生活上の基本的ニーズを充足する際に利用する社会制度と生活者との関係を，社会関係と定義し，その構造を，①二

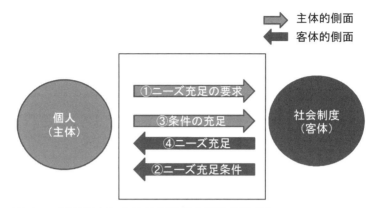

図2-1　岡村重夫による社会関係の構造の図式化

ーズ充足の要求（社会生活上の要求），②ニーズ充足のための条件の提示（役割期待），③提示された条件の充足（役割の実行），④ニーズの充足（要求の充足），という4側面でとらえています（図2-1）[1]。

2. 基本的枠組みとターゲット

(1) 基本的枠組み

　子ども家庭福祉を考える際には，少なくとも，大きく4つのことを意識する必要があります（図2-2）。

①社会的サービスが取り組むべき問題

　第1は，子ども家庭福祉が対象とする問題です。これをどのように定義するか，すなわち，何を問題と考え，何を問題ではないと考えるかは，時代や立場によって異なります。かつては，福祉の問題は選別主義（selectivism）的なとらえ方が中心でしたが，今日では，問題の普遍化，一般化に伴い，普遍主義（universalism）的なとらえ方をする場合が多くなっています。

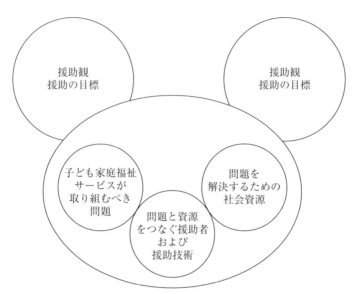

図2-2 子ども家庭福祉の枠組み

②問題を解決するための社会資源

第2は、問題を解決するための社会資源です。これは、援助資源、サービス、福祉制度と呼ぶこともできます。今日社会的に求められている、保育所、虐待などに対応する児童養護施設・乳児院などの社会的養護関係施設、障がいのある子どものための福祉施設、さらには、ショートステイやデイサービスなどの在宅福祉サービス、児童相談所や家庭児童相談室などの相談機関など、例示すればきりがありません。

③問題と資源をつなぐ援助者および援助技術

問題が認識され、それに対応する社会資源が整備されると問題が解決するかというと、必ずしもそうではありません。問題に気がついていない、サービスの利用をがまんしている、サービスを知らない、サービスの利用の仕方がわからない、適切なサービスがないなどにより、

両者の間がうまく結びつかなければ効果的な解決を図ることはできません。

問題と社会資源を結びつけるのが，第3の構成要素，援助者であり，その際に使う技術が援助技術です。狭義のソーシャルワークおよびソーシャルワーカーはこの場面で機能します。子ども家庭福祉の分野では，児童福祉司，児童指導員，保育士などがこれにあたります。

④援助観・人間観

最後は，このような援助を何のために行うのか，どのような生活を実現するために援助するのかといった，援助観や人間観です。このなかには，援助者としての価値観や倫理も含みます。

長い間わが国では，公的責任のもとに営まれる社会的ケアと，家族や親族さらには近隣社会を通じて行われる私的ケアとの間には，大きな隔たりがありました。わが国最初の社会福祉の法律といわれている恤救規則（1874）では，その前文において，救済の精神と対象を，「済貧恤救ハ人民相互ノ情誼ニ因テ其方法ヲ設ヘキ筈ニ候得共目下難差置無告ノ窮民」[2]と規定しています。恤救規則は，その後，救護法，生活保護法と名を変え，内容を拡大していきますが，制度の基幹に常にこのような考え方が見え隠れします。

ところが，近年，このような福祉観が，理論的にも実践的にも否定されるようになりました。すなわち，問題の発生原因を個人や家族のみに求めるのではなく，社会的な問題としてとらえようということです。福祉サービスの普遍化あるいは一般化とも呼ばれるこの現象は，理論的にはノーマライゼーションや市民の主体性の確立，社会的には少子高齢社会の到来，さらに実践的にはそれに伴う問題の多様化という現実のなかで，加速度的に拡大しています。とりわけ子どもの場合，問題の多くは親の生活状況に起因するものであり，子ども自身にのみ

原因がある場合はまれです。

（2）子ども家庭福祉サービスのターゲット

子ども家庭福祉サービスには，大きく4つのターゲットがあります（図2-3）。

第1は，基本的視点である子ども自身の成長・発達の支援，すなわち子育ちの支援です。

第2は，親になるためあるいは一人の社会人としての生活の支援，すなわち親育ちの支援です。前者の例としては，両親学級，親子サークル支援など，後者の例としては，育児休業中の就労復帰支援，各種講座における保育つき実施体制，多様なニーズに対応する子どもの一時預かり事業などがあります。

第3は，親子関係の支援，すなわち子育て・親育てです。親子の信頼および愛着関係の基礎形成が不安定ななかで，親としての成熟度はますます低下し，「親になりきれていない親」が一部にみられます。虐

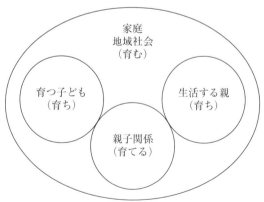

図2-3　子ども家庭福祉のターゲット

待や放任という例外的と考えられていた状況が，一般の親のすぐそばにまで忍び寄っているということであり，子育てをする親を「育てる」という視点が必要となります。

第4は，これらの3つが存在する家庭および地域社会，すなわち育む環境の育成です。

3. 子どもの人権と子ども家庭福祉の理念

(1) 子どもとは何か

「子どもとは何か」という質問に的確に答えるのはなかなかむずかしいものです。一般によくある答え方は，年齢を基準にしたものですが，社会的成熟度のようなものを基準にした答え方もできます。

子ども家庭福祉論においては，一般に子どもを次のような存在と考えます。

①一個の独立した人格。
②受動的権利と同時に，能動的権利も有する存在。
③常に成長発達するものであり，それを家族や社会から適切に保障されるべき存在。

(2) 子どもの人権・権利

①基本的人権

基本的人権という言葉は，fundamental human rights の訳語として，戦後定着した言葉です。人権とは，人間が本来もっている固有の権利であり，義務や社会的責任の遂行とは無関係に保障されるものです。ところが，「力」あるいは「権威」としての意味をもつ権利と，この人権とが，同じ right に対する訳語として定着したために，その後混乱した使用がなされることになります。子どもの人権とは，「力」あるいは

「権威」としての権利ではなく，子どもが本来もっているものを正当に保障されるあるいは自らそれを行使する権利です。

②児童の権利に関する条約と子どもの人権・権利

子ども固有の人権観として，初めて国際的に認められたものは，ジュネーブ宣言（1924）です。この宣言では，最善の利益を保障する義務，危機における最優先の救済，などの言葉で子どもの人権への対応姿勢を表現しています。しかし，その内容は，栄養，医療，保護，教育といった，いわば生存権あるいは生理的ニーズに近いレベルでの人権にすぎませんでした。

児童権利宣言（1959）は，ジュネーブ宣言を基礎に，新たな原則を追加したものです。この宣言の前文では「児童は，身体的及び精神的に未熟であるため，その出生の前後において，適当な法律上の保護を含めて，特別にこれを守り，かつ，世話することが必要である」とし，子どもへの特別な関心の必要性を示しています。ただし，これはせいぜい救済型から保護型への転換にすぎず，必ずしも画期的といえるほどのものではありません。その理由の一つは，子どもへの関心の背景を「未熟さ」に対する「保護」に求めていることによると考えられます。

子どもの人権観を大きく変えたのは，児童権利宣言を基本に，国際人権規約を視野に入れながらまとめられた，児童の権利に関する条約（1989）です。英語表記が「the Rights of the Child」とあるため，日本語訳では「権利」と訳されていますが，文脈からするとこれは，「人権」と解すべき用語です。

ユニセフ関係者は，この条約で規定された子どもの権利の特徴は，①所有あるいは利用に関する権利（provision），②保護に関する権利（protection），③参加に関する権利（participation），の３つにあるとし

ています。
　また，網野武博は，受動的権利と能動的権利という分類を用い，能動的権利保障の必要性を強調しています[3]。
　これらの分類方法を整理すると，ユニセフによる所有あるいは利用に関する権利および保護に関する権利や，網野のいう受動的権利は，いわば社会権により関連深いものであり，参加に関する権利あるいは能動的権利は自由権に関連が深いものです。すなわち，この条約の最大の特徴は，従来ほとんど重視されてこなかった，参加に関する権利あるいは能動的権利など，子どもの自由権や市民権にスポットをあてたところにあります。具体的には，意見表明権，表現の自由，思想・良心・宗教の自由，結社・平和集会の自由，プライバシー・通信・名誉などを保護される権利などに特徴がみられます。これらは「保護される存在としての子ども」という子ども観から，「固有の人格主体，権利主体としての子ども」という子ども観への転換を意味するものです。

(3) 子ども家庭福祉の基本理念
①児童福祉法の基本理念
　子ども家庭福祉の基本理念は，児童福祉法（1947）のなかで明らかにされています。児童福祉法では，第1条から第3条にかけて，児童福祉の理念や原理を定めています（表2-1）。
　第1条は基本理念です。第1項では，すべての国民に子どもの健全育成に関する義務を課しています。これは，すべての国民に，それぞれの立場で子どもの基本的人権保障への責任を自覚させるとともに，次世代を担う存在としての子どもの存在意義を明示したものであるといわれています。第2項は，子どもの保護されるべき人権の一側面を示しています。

表 2-1　児童福祉法にみる子ども家庭福祉の基本理念

> 第1条　すべて国民は，児童が心身ともに健やかに生まれ，且つ，育成されるよう努めなければならない。
> 　2　すべて児童は，ひとしくその生活を保障され，愛護されなければならない。
> 第2条　国及び地方公共団体は，児童の保護者とともに，児童を心身ともに健やかに育成する責任を負う。
> 第3条　前2条に規定するところは，児童の福祉を保障するための原理であり，この原理は，すべて児童に関する法令の施行にあたって，常に尊重されなければならない。

　第2条では，第1条に規定する児童育成の責任を，保護者のみならず，国や地方公共団体にも課しています。これは，憲法第25条に示す社会福祉に関する国家責任を反映するものです。第3条は，原理の尊重と呼ばれる項で，第2条に規定する児童育成の責任は，厚生労働省の管轄のもののみならず，わが国の子どもにかかわるすべての法令において，常に尊重すべきであることを規定しています。

②児童憲章の理念

　児童憲章（1951）は，児童福祉法の制定過程では，前文として位置づけられていた時期もありましたが，その後児童福祉法の理念をより具体化する国民の協約として宣言されたものです。

　児童憲章の前文では，

　　　児童は，人として尊ばれる
　　　児童は，社会の一員として重んぜられる
　　　児童は，よい環境の中で育てられる

と，子どもに対する見方を示しています。

　児童福祉法や児童憲章は，すべての子どもを対象にし，保護だけで

なく健全育成を進めることを明らかにしています。しかしながら，その後の歴史を追うと，現実には保護的事業を中心にしてサービス展開が進められたという指摘もまた事実です。さらに，児童の権利に関する条約との関係でいうと，受動的権利保障が中心であり，能動的権利保障の側面が弱いということも指摘できます。

③新たな時代の子ども家庭福祉の基本理念

児童の権利に関する条約を踏まえた子ども家庭福祉の基本理念は，保護すべき側面は当然のこととして，もっと積極的に，ウエルビーイング（well-being）の確保や自立を支援することにあります。ウエルビーイングとは，「個人の権利や自己実現が保障され，身体的・精神的・社会的に良好な状態にあること」を意味しています。ウエルビーイングは，保護的な福祉観のイメージが浸透したウエルフェアの対概念として，近年改めて見直され，子ども家庭福祉のみならず，社会福祉全体でも使用される概念となっています。

自立は，ウエルビーイングを実現するための人間のありようということができます。一般に自立というと，経済的な自立を中心に考えることが多いのですが，社会福祉の分野では，さらに社会的自立や精神的自立も重視します。自分で判断し，必要に応じて主体的に社会福祉サービスの利用決定を行うことが自立であって，社会福祉サービスを利用しない状態だけが自立であるとは考えません。自己を強化すること（エンパワメント），自己の強みを発揮させること（ストレングス），自己決定能力の向上を図ることなどをより重視するということです。

子ども家庭福祉という考え方は，このような新しい視点を強調するため，児童福祉に代わって使われている概念です。

》注・引用文献
(1) 岡村重夫（1983）　社会福祉原論，全国社会福祉協議会，83～89頁。
(2) 文意：社会福祉は本来は住民の相互扶助で行うべきものであるが，とりあえず放っておけないような状況にあって，誰にも援助を求めることのできないような貧困者
(3) 網野武博（2002）　児童福祉学：「子ども主体」への学際的アプローチ，中央法規出版，72～75頁。

1．あなたは，子どもをどのような存在であると考えていますか。さまざまな側面から定義してみましょう。
2．最近1か月の新聞を読んで，どのような子どもの人権侵害事件が発生しているか考えてみましょう。

参考文献

1．網野武博（2002）　児童福祉学：「子ども主体」への学際的アプローチ，中央法規出版
2．柏女霊峰（2013）　子ども家庭福祉論［第3版］，誠信書房
3．小口尚子・福岡鮎美（1995）　子どもによる子どものための「子どもの権利条約」，小学館
4．日本子ども社会学会研究刊行委員会編（2013）　子ども問題事典，ハーベスト社
5．山縣文治編（2012）　よくわかる子ども家庭福祉［第8版］，ミネルヴァ書房

3 | 子ども家庭福祉のあゆみ

《**目標＆ポイント**》 子ども家庭福祉は社会福祉の一分野です。本章では，まず，社会福祉の原初形態について学習します。それを踏まえ，欧米の子ども家庭福祉のあゆみ，日本の子ども家庭福祉のあゆみを学習します。
《**キーワード**》 社会福祉の原初形態，救貧法，児童福祉法，社会福祉基礎構造改革，子ども・子育て支援新制度

1. 社会福祉の原初形態

 そもそも，社会福祉はどのような経過を経て，今日のような状況になったのでしょうか。社会福祉の原初形態に関する研究は，大正末期から昭和初期に始まりました。これを最も積極的に示しているのは，財団法人中央社会事業協会発行の『日本の社会事業』です。この本では，「社会事業実施の動機」という項目を設け，それを，人間の本能，社会共同意識，宗教的立場，行政的立場という4つの方向から検討しています[1]。
 これを現代風に解釈すると，以下の4つに再整理することができます。
 第1は，社会共同意識は，相互扶助による福祉ということができます。これは，知り合いの間に働くお互いの助け合いであり，おそらく人間が社会生活を営み始めた当初から存在していたものと考えられます。相互扶助の最も小さい単位は，家族であり，少し大きくなると親

族や，地域社会，あるいは各種の仲間集団，企業ということになります。

　第2は，宗教的立場とは，宗教行為もしくは宗教的な動機に基づく福祉です。ほとんどの宗教の教義には，その方法や目的は異なりますが，人々の救済が含まれています。多くの場合，信仰そのものが神や仏からみれば救済であると同時に，それを周辺の他者に広げていくことを求めています。いわゆる隣人愛[2]であり，博愛です。慈善や作善ということもできます。保育所，その他の子ども家庭福祉施設，老人ホーム，学校，病院など，現代社会においても，宗教団体の果たしている役割は大きいといえます。

　第3は，行政的立場は，政策としての福祉にあたります。政策としての福祉は，比較的新しいものです。世界の歴史では，イギリスのエリザベス救貧法（1601）が最初の体系的法律であるといわれています。日本では，明治政府による恤救規則（じゅっきゅう）（1874）がこれにあたります。これらは，いずれも救貧対策としての政策であり，社会福祉，社会保障あるいは社会政策の原初形態といわれます。

　以上3つの原初形態は，第一義的には「ウチ」なる関係に機能することを特徴としています。相互扶助は，機能的な相互関係が認知されている人間関係のなかで働くものですし，政策は国家，国民を越えて展開することは本来例外です。慈善も元々は信仰という関係のなかで機能するものです。

　それでは「ソト」関係に働く原初形態あるいは思想は何なのでしょうか。これは，古くは孟子のいう惻隠の情[3]，「仁」ということもできますし，人間の本来的性質を善なるものとみなす性善説に通じるものです。中世から近代にかけては，humanitarianism, philanthropy（日本語訳としては，人道主義，博愛主義，汎愛主義などの語があてられて

いる）などや，voluntarism, voluntaryism（自発性，任意性，主意主義）としてさまざまな分野でこれを推進する動きがみられました。このように「ソト」関係にも働く人間愛的福祉なるものの特徴は，独立して存在するというよりも，たとえば，危機的状況に直面した時には他の3つの動機に対して，並行的に機能するところにあります。いわば福祉の推進力であり，「人間の本能」と表現されたものに重なると考えられます。これが第4の原初形態です。

　「ウチ」関係で機能するものは保守的，妥協的になりやすいのですが，「ソト」関係にも働くものはより自由であり，運動的性格を帯びることも可能です。その結果，歴史を推進する源泉となります。社会福祉の歴史的発展は，相互扶助，慈善，政策といった「ウチ」関係により，それぞれの時代におけるより強固なもの，安定的なものを志向しつつも，一方で人間そのものを大切にする民間の動きにより，時代や国家（ナショナリズム）を超越した，より人間的な社会の形成を願うという，相矛盾したものを内包していたといえます。これらを図式化すると，図3-1のようになります。

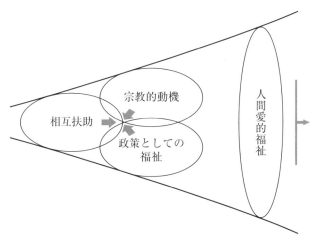

図 3-1　社会福祉の原初形態

2. 欧米の子ども家庭福祉のあゆみ

　社会福祉の歴史において，イギリスは大きな役割を果たしています。本節では，欧米の子ども家庭福祉のあゆみを概観しますが，特に国名に言及していない場合，イギリスを中心とした記述であることを，あらかじめおことわりしておきます。

(1) 近代以前の子ども観と子ども家庭福祉

　ヨーロッパを中心とした古代の子ども観は，「大人の所有物」という見方に代表されます。その結果，労働力としての交換の対象となることもあれば，生産能力の期待できないものについては，社会から排除されるということもありました。

　中世社会は，封建社会であり，一般庶民の多くは，荘園の領主のもとで働く農民（農奴）として生活していました。この主従関係は，領主の一方的権限のもとに庶民の生活を隷属させるものであり，「暗黒の中世」などといわれることもありますが，一方で，事実上庶民の最低生活を保障する機構ともなっていました。中世も中盤以降になると都市が形成されるようになります。都市部は工業や商業を中心に栄えていきますが，そこでの共同体はギルドと呼ばれます。

　このような，村落共同体やギルドの恩恵だけでは生活が維持しにくくなった人を対象にした保護を行っていたのが教会です。教会は，教区単位で住民の生活に関与しており，孤児院（orphanage）や救貧院（almshouse）と呼ばれる入所型の施設や，子どもたちに生活の支援をしながら職業教育を行う徒弟制度などが設けられていました。

(2) 救貧法の成立と児童

　中世社会は，産業革命による資本主義社会の形成とともに次第に終焉していきます。産業革命を支えた羊毛工業は，都市部で労働者を必要としただけでなく，農村部では，農業を中心とした荘園を羊の放牧場へと転換させていきました。その結果，荘園で働いていた労働者は職を失うこととなり，仕事を求めて都市部に移動します。

　都市部には地方からの労働者が集まり，一見にぎわいをみせますが，いったん病気になったり，けがをしたりなどすると，たちまち貧困に陥っていきます。あまりに大量な失業者に対して，ギルドや教会の援助は届きにくくなります。その結果，当時の女王，エリザベスⅠ世は，ついに総合的な救貧対策として，救貧法（Poor Low）を発することとなりました（1601）。

　救貧法では，救貧の対象を，①有能貧民（able-bodied poor），②無能貧民（impotent poor），③子ども（child），の3つに分け，それぞれによって対応を考えていました。時代によって若干異なりますが，子どもに対しては里親や教区徒弟[4]などの枠組みが準備されていました。すなわち，子どもたちに対しては，保護・育成的視点を組み込んだ，大人とは違う枠組みでの援助が考えられていたということです。

　資本主義社会が次第に安定してくると，子どもたちに対する教育という考え方も次第に広まってきます。とりわけ，フランスの社会思想家ルソーの影響が大きかったといわれています。ルソーは，「エミール」のなかで，子どもは人間の発達の一段階であり，子ども固有の特性が存在することを明らかにしました。

(3) 救貧法の改正と児童

　18世紀後半からの産業革命は，より小さな子どもをも労働力として

期待することとなり，一般就労するものも増えてきました。教区徒弟の事実上の廃止です。

19 世紀になると，教区間格差の増大や救貧法財政の逼迫化などがあり，救貧法の大幅な見直しが求められることとなります。1834 年の改正は，その後，新救貧法（改正救貧法）とも呼ばれるほど大きなものでした。改正のポイントは，①院外救済（out-door relief）を廃止し，院内救済（in-door relief）を原則としたこと，②労役場制度を採用したこと，③教区間格差を是正し，救貧行政を統一したこと，④劣等処遇（less eligibility）[5]の原則を採用したこと，などにあります。

劣等処遇の原則に代表されるように，新救貧法は極めて制限的な内容の法律となりました。その結果，活発となるのが民間活動です。明治期の代表的な社会事業家の一人である石井十次に大きな影響を与えたバナードホーム[6]が開設されたのは 1870 年，全国児童虐待防止協会が設置されたのは 1884 年のことです。

（4）子どもの権利・人権保障に向けて

子どもの権利・人権への固有の関心が高まるのは，20 世紀に入ってからです。とりわけ，スウェーデンの教育学者，E. ケイが著した『児童の世紀』(1900) はまさにそれを端的に示す言葉として，その後世界的関心を集めました。この時期，アメリカ合衆国においては，1909 年，ルーズベルト大統領が第 1 回の白亜館会議を招集し，「子どもと家庭」をテーマにした検討を行っています。

しかしながら，現実には 20 世紀は子どもも巻き込んだ世界的な戦争が繰り返されるという歴史でもありました。世界的な戦争の端緒として位置づけられる第一次世界大戦は，ヨーロッパを中心に子どもを含む多くの犠牲者を出しました。それに対する反省が，児童救済基金に

よる世界児童憲章（1922）です。その後，ジュネーブ宣言（1924），児童権利宣言（1959）を経て，児童の権利に関する条約が1989年に成立しました。

3. 日本における子ども家庭福祉のあゆみ

（1）児童福祉法以前

子どもが福祉政策の対象となるのは，1874年の恤救規則です。ここでは，13歳以下の幼者が救済の対象とされていました。しかしながら，その救済は，隣保相扶（相互扶助）の網から漏れた無告の窮民（全く身寄りのないもの）に限定されており，実際に保護の対象となるものはほとんどありませんでした。

恤救規則のすき間を埋め，当時の子どもたちの保護にあたったのが，宗教団体や篤志家などの民間人あるいは民間団体です。孤児あるいは棄児などを対象として，明治期に開設された代表的な施設としては，石井十次による岡山孤児院，小橋勝之助の博愛社などがあります。また，知的障がい児を入所させた施設としては，石井亮一の滝乃川学園などが有名です。

石井十次

石井亮一

留岡幸助

一方，刑法の隣接領域として，少年の処遇に教育的要素を取り入れた感化法が公布されるのは，1900年です。法制定の前年には留岡幸助による家庭学校も設立されています。
　昭和期に入ると，戦時体制の推進とも関連しつつ，いくつかの変化がありました。まず，1929年には，恤救規則を改め，救護法が公布されました（施行は1932年）。この法律では，保護の対象のなかに，13歳以下の幼者に加え，妊産婦が規定されています。保護の方法は，在宅保護と施設保護であり，今日の生活保護法の原型ができあがります。
　さらに，1933年には，感化法が少年教護法と改められ，感化院も少年教護院と改称されました。また，同年，労働搾取等の虐待をされる子どもを対象として，児童虐待防止法も制定されました。児童虐待防止法では，入所施設としての児童虐待防止施設が規定されています。また，今日の児童福祉法に継承される禁止行為もこの法律で明らかにされました。

（2）児童福祉法の成立

　敗戦による混乱は，日常生活のみならず，法制度においても同様です。子ども家庭福祉に関係する総合的な法律の制定は戦前からの課題でしたが，戦後これが児童保護法として審議されることになります。児童福祉法という名称になったのは1947年1月の案からです。法律は，同年12月12日に公布され，翌年1月1日から施行となりました。
　名称が直前まで確定しなかったように，審議過程においては，さまざまな議論が交されたようです。たとえば対象です。年齢については18歳未満ということは変わりませんでしたが，今日のように，すべての子どもとするか，保護を要する子どもとするかについては，1947年1月段階まで決定しませんでした。また，前文に「児童は歴史の希望で

ある」という一文がみられたり，現在の児童憲章が組み込まれていた案もあったようです。

ちなみに，制定時の児童福祉施設は，助産施設，乳児院，母子寮，保育所，児童厚生施設，養護施設，精神薄弱児施設，療育施設，教護院の9種類でした。

(3) 児童福祉法成立以降
①子ども家庭福祉の基礎形成期（1950年代前半）

昭和20年代には，児童福祉法以外にも，身体障害者福祉法（1949），新生活保護法（1950），社会福祉事業法（1951：現，社会福祉法）などが成立し，戦後復興に向けての基本的な体制ができあがっていきます。しかしながら，復興は容易なものではなく，保護的福祉施策からの脱却を図ることを意図した児童福祉法も，現実には，孤児や浮浪児への対応などの戦後対策から始まり，経済的貧困家庭の児童や，貧困に起因して起こる非行問題など，保護的側面中心に機能していました。

戦前の社会福祉事業は，国の責任に基づくものは限られており，宗教関係者，篤志家や企業等の支援を受けた個人などの民間事業や地方自治体の独自事業が中心でした。戦後は，憲法における国家責任による社会福祉の推進（第25条）や，公的資金を投入される民間の福祉事業については，「公の支配のもとに属する」（第89条）などの規定により，公的責任のもとでの施策推進が積極的に図られました。とりわけ，代表的な施設である保育所については，児童福祉法で市町村に保育の実施義務が課せられたことで，公営施設の設置が進みました。

②福祉施策拡充期（1950年代後半から1970年代前半）

1956年に発行された経済白書の副題は，「もはや『戦後』ではない」とつけられました。同じく1956年に発行された厚生白書には，「果たし

て『戦後』は終わったのか」という見出しがみられます。立場による対応の違いはありましたが，（国民）所得倍増計画（1960）により経済成長は飛躍的に進みます。これを支えるために，保育所の拡充がおこなわれるとともに，経済成長に支えられて福祉の拡充が図られます。

保育所は，1960年から1975年の間に，施設数で1.86倍，入所児数では2.36倍に増加しています。この他にも，児童扶養手当法（1961），特別児童扶養手当等の支給に関する法律（1964），児童手当法（1971）などの手当制度も始まります。1964年には，母子福祉法（現，母子及び父子並びに寡婦福祉法）が成立し，これにあわせて，厚生省児童局は，児童家庭局と名称変更となります。また，児童福祉法から母子保健法が独立（1965）するなど，母子保健施策の拡充も図られます。

このような変化は，家族規範や子どもの生活を大きく変化させ，必ずしも，絶対的貧困を原因とするものではない，第2の非行の波[7]と呼ばれる少年非行なども増加しました。情緒障害児短期治療施設は，このような時代背景を受け，「軽度の非行少年」への早期対応あるいは予防的対応を目的に，1971年，新たな児童福祉施設として設置されました。

③安定基礎整備期（1970年代後半から1980年代）

経済成長に後押しされた福祉政策の拡充，1970年に高齢化率が7%を超え，高齢化社会に突入したことなどを背景に，政府は，1973年を福祉元年と位置づけ，福祉のさらなる拡充を宣言しました。ところが，これと前後して，二度のオイルショックに見舞われます。これは，右肩上がりの経済成長の終焉を意味すると同時に，市場が国際化していることをうかがわせるものでした。

子ども家庭福祉分野では，1970年代の半ばから，ベビーホテルと称せられる認可外保育施設での乳幼児の死亡事件が相次ぎ，国会でも取

り上げられるほどの社会的事件となりました。また，男女の高学歴化が進み，子育てと就労の両立志向が顕著となり，就労形態も多様化するなかで，延長保育やゼロ歳児保育の需要が高まることとなりました。

④普遍主義と地域福祉志向期（1990年代）

この期においては，福祉関係3審議会合同企画分科会の意見具申(1989)を受け，地域福祉志向が本格化します。これが，地域福祉の推進を意図した社会福祉法（2000）に結びついていきます。社会福祉法およびこれに関連する制度変更としては，地方分権化，在宅福祉サービスの整備，利用者本位の制度にまつわるものとしての措置制度の廃止と直接契約化，事業者補助から利用者補助への転換，契約支援制度としての成年後見制度，情報提供・情報開示，第三者評価などがあります。供給主体の多様化も，この一環と考えていいでしょう。

子ども家庭福祉分野では，保育所，母子生活支援施設，助産施設において，措置制度が廃止され選択利用制となります。1998年の児童福祉法改正は，児童福祉法制定以降最大の改正と呼ばれており，社会的養護関係施設における自立支援の強化が図られます。

一方，人口動態は，ますます少子高齢社会への歩を速めます。合計特殊出生率は，1990年に1.57となり，厚生白書に初めて，「少子化」という言葉が登場します（1994）。これに対応するため，国は「今後の子育て支援のための施策の基本的方向について（通称，エンゼルプラン）」(1994)を発表します。これは，その後，新エンゼルプラン(1999)，子ども・子育て応援プラン（2004），子ども・子育てビジョン(2010)へとつながっていきます。

また，児童の権利に関する条約に日本も批准したこともあり（1994），さまざまな分野からの子どもの権利・人権に関する研究が進みます。国際家族年（1994）も含め，国際動向が日本の子ども家庭福祉政策に

直接，かつ短期的に影響を与えた，初めてのできごとといってもいいほどの状況を迎えました。

一方，生活の現場では，待機児の増加に伴い，認可外保育施設が認可保育所の代替機能を果たしていることが明確になるとともに，子ども虐待の顕在化および深刻化，在宅子育て家庭支援の必要性の増大，小一プロブレム，子育てサークルや子育て支援ＮＰＯ活動の活性化など，さまざまな変化が起こります。公的施策だけの限界も明らかとなり，市民参加型福祉の推進の必要性がより強く認識されることとなります。

⑤ **多様化する子ども家庭福祉問題と地域福祉視点の施策推進（2000年から現在）**

多様な施策の展開にもかかわらず，少子社会からの脱却が困難なこともあって，子ども家庭福祉施策はその後も継続的に変化します。また，少子社会に対応する子ども家庭福祉施策の推進を図ることを目的に，10年間の時限立法として，次世代育成支援対策推進法（2003）も成立しました。

個別分野では，子ども虐待にかかわる施策が急速に整備されていきます。児童虐待の防止等に関する法律（2000），通告体制の強化，重篤な事件に対する，国および地方自治体における検証制度の導入，子ども虐待の通告先に市町村を明記，子ども家庭福祉相談の市町村窓口化，要保護児童対策地域協議会の設置，親権制度の見直し，児童相談所長による親権代行規定，などです。

保育の分野では，待機児対策が大きな課題となります。待機児童ゼロ作戦（2001）の直接的な対応だけでなく，認定こども園制度の創設により，待機児対策も内包した，幼稚園と保育所との新たな関係が模索されることになります。

地域子育て支援もこの期に着目度が一気に上がった分野です。2008年には，乳児家庭全戸訪問事業，養育支援訪問事業，地域子育て支援拠点事業，一時預かり事業の4事業が，児童福祉法に規定されました。
　2012年には，子ども・子育て支援法が成立し，市町村を核にした新たな時代を迎えようとしています。

》》注・引用文献
(1) 中央社会事業協会（1938）　日本の社会事業，中央社会事業協会，14〜26頁。
(2) キリスト教倫理の基本原理の一つ。「汝，隣人を愛せよ」に由来。神を愛するのと同じくらいに自分の周りの人を愛し，大切にすべきという考え。
(3) 危険や災難にあった人に対して，哀れみを感じ，手を差しのべたくなる気持ち。
(4) 英国国教会の教区内で行われる徒弟制度。
(5) 救貧法を受けずに生活している人の暮らしよりも，救貧法を受けている人の支援内容を低くするという対応方法。
(6) 医師であり，敬虔なキリスト教徒であったトーマス・ジョン・バナードによって，1870年に設立された孤児院。1988年には，バナードズと名称を変更するとともに，翌年入所施設部門を廃止した。
(7) 貧困からくる生きるための非行（生活型非行）であった第1の波に対して，第2の波は，価値観の葛藤や文化の違いによる葛藤に起因する反抗型非行といわれている。

1．石井十次，石井亮一，留岡幸助について，詳しく調べてみましょう。
2．あなたが生まれた時代の子どもの福祉にかかわるできごとを調べてみましょう。

参考文献

1. 細井勇（2009） 石井十次と岡山孤児院：近代日本と慈善事業，ミネルヴァ書房
2. 厚生省児童家庭局編（1998） 児童福祉50年の歩み，厚生省児童家庭局
3. 室田保夫編（2006） 人物でよむ近代日本社会福祉のあゆみ，ミネルヴァ書房
4. 全国子ども家庭福祉会議実行委員会編（2007） 日本の子ども家庭福祉：児童福祉法制定60年の歩み，明石書店
5. ワイヤー．N（1962） 半田香代訳（1982） 評伝バーナード博士：昼も夜も，キリスト新聞社

4 | 子ども家庭福祉の援助

《**目標＆ポイント**》 子ども家庭福祉は社会福祉の一分野であり，援助の基本的視点や進め方の多くは共通しています。ここでは，まず，その共通性について学びます。それを踏まえ，子ども家庭福祉分野の特性や援助目標についての理解を深めます。
《**キーワード**》 子どもの意思，親権，能動的権利・人権，受動的権利・人権

1．社会福祉援助の基本

（1） 社会福祉援助の基本的視点・前提
①援助者の自己覚知

　社会福祉援助の基本は，本人の生活のしづらさを，できるだけ本人の視点で，主体的に解決する環境を整えることにあります。逆にいうと，一般社会の価値観や判断を基準にしてものごとを考え，善し悪しを決めたり，ましてや，援助者の判断や好みを押しつけたりすることではないということです。したがって，援助者には，本人がそれまで生活してきた経過，陰に陽に直面している問題，これから歩むであろう生活を理解し，相手の世界・文化のなかで考えることが求められます。

　そのためには，援助者自身が，自分の偏り，こだわり，見逃しがちな視点などを十分に理解しておく必要があります。これを自己覚知といいます。バイスティックは，社会福祉専門職の行動規範としての7

つの原則(1)を示していますが,自己覚知は,さらにその前提になるものということができます。

しかしながら,援助者は常に完璧であることは困難です。問題に直面し,悩んだり,立ち往生したりすることもあります。その際,一緒に考えてくれる先輩や仲間が必要となります。これを,スーパービジョンといいます(2)。

②本人の意思を尊重しつつ,生活の全体を支えるという態度

社会福祉援助者には,医師や心理職のように,問題を直接的に解決したり,来談者に向き合ったりするのではなく,本人を生活者としてとらえ,本人の意思を尊重しつつ,その生活の全体に寄り添う,あるいは側面から支えるという態度が求められます。

生活の全体を支えるためには,混乱のなかで,本人も見落としがちな状況まで含め冷静に分析すること,本人の意向や望ましいと考えている生活を確認し,協働しながら目標設定や行動計画をイメージすることなどが重要となります。解決の主体はあくまでも本人であり,援助者は自己決定をしやすいような環境設定をしたり,行動を支えたりする存在であるということです。

③「今,ここから始まる」という認識

生活は連続しているものです。このことは,過去にさかのぼって問題の解決を図ったり,現状を大きく変えたりすることを前提にして援助を開始することはできないということを意味しています。マイナスの修正を図るという視点の援助ではなく,今をゼロと受け止め,環境と本人の相互に働きかけることを通じて,状況の変化・改善や生活の適応力を高めていくという姿勢が重要です。

④本人・家族・環境のもつ強みの認識と活用

人間は,生きていくなかで,さまざまな困難に出会います。援助は,

このような困難の軽減，緩和を図りながら，本人の生活を作っていくために存在します。社会資源を利用することは重要なことですが，これを援助者が強制するのではなく，まずは，本人の了解のもとに進める必要があります。さらに重要なのは，本人自身のもつ力・強みを強化し，これを活用するということです。これをストレングス視点といいます。強みには，本人の内的な力だけでなく，家族や取り巻く環境の力も含みます。

エンパワメントやレジリエンスという考え方もこれに共通しています。レジリエンスという考え方は，困難な状況に直面しても，うまく生き延びていく力を，本人の内部，あるいは本人の外部環境のなかで整えていくというものです。

⑤社会資源の活用と見守り体制の整備

第2章および本章で示したように，社会福祉援助は，社会生活において，社会制度との間で発生する問題を，本人の生活の全体を意識しながら，解決・緩和するものです。その際に，本人の側に働きかけたり，制度の側に働きかけたりしながら，両者の関係のバランスをとることになります。社会資源は，問題を生じさせている修正すべき社会制度であることもあれば，問題を生じさせている社会制度との関係を調整するために新たに投入される社会制度であることもあります。

社会資源には，法律等に基づく公的資源のみならず，企業・職場などの民間資源，地域・子育てサークル・セルフヘルプグループなどの市民資源，親族・友人・知人などの私的資源などがあります。援助者は，このような資源の活用，資源の力の強化，見守りのための資源の配置などを図りながら関わります。

（2）社会福祉援助の基本プロセス

社会福祉援助の基本プロセスは，図4-1に示す通りです。

まずは，本人（家族を含む）が，援助機関にやって来ます。これは，直接来所する場合もあれば，電話やメールなどを通じての場合もあります。虐待等の場合には，第1段階では関係機関が持ち込むことも少なくありませんが，いずれにしてもどこかの段階で本人に出会う必要があります。

この出会いは，援助関係が始まること（受理あるいは契約といいます）を意味しています。契約は，相互の同意が原則ですが，必要な場合には，本人の同意なしに，援助機関が援助を職権として開始することもあります。

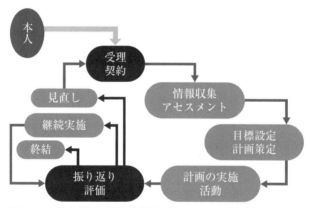

図4-1　社会福祉援助の基本プロセス

2．子ども家庭福祉における援助の特性

子ども家庭福祉は社会福祉の一分野であり，問題理解や援助の枠組

みも，基本的には社会福祉の援助の原則と同様です。第2章で，代表的な社会福祉の考え方として，岡村重夫の社会生活の見方（社会制度と個人との関係）を紹介しました。

　岡村の社会福祉論の特徴は，社会関係を主体的側面と客体的側面の二重構造でとらえることにありました。社会福祉の対象把握，援助原理等が，すべてこの社会関係の主体的側面との関係で引き出されてきます。

　では，岡村のとらえ方は，子ども家庭福祉の分野においても，すべてあてはまるのでしょうか。生活主体と社会制度との間の社会関係の視点から社会福祉の対象を把握するという岡村の枠組みは，子ども家庭福祉分野には単純に適用できない面があります。それは，次項に示す生活主体としての子どもの特性から生じていると考えられます。

(1) 子どもという生活主体の特性

　成人と異なる子どもの特性は，大きく以下の3点にあると考えられます。

　第1は，子どもは，保護者，地域社会あるいは社会制度に育てられるという受け身的な存在ということです。児童の権利に関する条約では，子どもは，受動的権利・人権のみならず，能動的権利・人権をも有する存在であり，これを保障すべきことが明らかにされました。保護者や家庭のもつ意味は，とりわけ，子どもが小さければ小さいほど大きく，常に主体として考えることが前提となる成人の場合とは異なることになります。

　したがって，子どもに対する直接的な支援だけでなく，家庭（保護者）への支援を通じて，間接的に子どもを支援するという考え方が，他の分野以上に重要になります。家庭（保護者）が適切に機能しなけ

れば，子どもの成長にとって，それはリスク要因とさえなります。子ども虐待は，その典型的な例といえます。これを支援資源に変化させたり，支援資源として強化したりするということが子ども家庭福祉の課題となります。

　第2は，子ども自身が成長していく存在だということです。理論的にはすべての人間が成長する存在ですが，子どもの場合，保護者，地域社会あるいは社会制度に育てられるという受け身的な存在としてみられることが多いようです。しかし，成長していく存在であるという視点からは，成長に応じて，自らが主体的に生きていく力を身につけるという視点が重要となります。

　すなわち，時間という軸が子ども家庭福祉においては重要な意味をもちます。実践的には分断することはできませんが，制度的には子どもと成人は明らかに分離されており，問題の解決や緩和のために活用されるものも原則的には異なります。もっと強い表現をするならば，年齢によって使うことのできない制度や資源が多くあるということです。

　このような時間軸とのバランスは，大人ではあまり意識されない特徴です。大人の場合，あくまでも主体性を認められた存在としてまず位置づけられ，本人の主体性を支える援助が中心となります。子どもの場合は，子どもの育ちや主体性の獲得を支援していくと同時に，それを阻害されない環境を整備するという視点が重要となります。

　第3は，子どもは親権[3]のもとに服する存在ということです。親権は子どもの社会生活において大きな意味をもちます。たとえば，未成年者は一部の例外を除いて，社会的契約を結ぶことが困難です。すなわち，子どもの意思で，契約を結ぶことができず，親権者の判断がそこには介在することになります。親権をおこなうものがいない場合には，

家庭裁判所を通じて未成年後見人を選任し，契約を行う必要がでてきます。一方，親権者が子どもの立場にたって適正な判断をしない場合，家庭裁判所の審判を経て，親権を一時的に停止したり，剥奪したりすることもできます。

(2) 人権・権利の主体と契約の主体の相違からくる問題

近年では，子ども家庭福祉分野においても，契約という概念がより重視されるようになっています。ソーシャルワーク的な意味合いでの契約はソーシャルワーカー（ソーシャルワーク機関）と子ども自身の間で結ぶことは可能ですが，法的な意味合いでの契約は，ソーシャルワーカーと子ども自身では結ぶことができず，あくまでも親権者と結ぶことになります。したがって，親権者の適切な判断が重要となりますが，虐待など，社会的にみて，不適切と考えられる状況でさえ，親権に制限を加えることには困難を伴います。前項で示した未成年後見人の選任も，成年後見人の選任ほど容易ではありません。

両親等が婚姻関係にある場合には，夫婦共同親権となり，問題はさらに複雑となります。すなわち，両親の意向が異なると，一方の意向のみで契約を結ぶことができず，両親の意向の調整もソーシャルワーカーには求められることになります。これは，子ども虐待にかかわるソーシャルワーク場面では，大きな壁として立ちはだかります。

人権・権利の視点からも，ソーシャルワークの視点からも，子どもは独立した固有の人格の主体としてみなされるべきことは自明です。岡村重夫は，家族も社会制度であり，個人にとって客体的な存在であると位置づけています[4]。家族は，生活の単位であることを基本として，問題の発生を予防したり，解決したりするだけでなく，問題を生じさせる場ともなるのです。

社会生活次元で個人と家族との関係をとらえると，①個人を主体としてとらえ，家族を客体としてとらえる社会関係と，②一員として個人が所属する家族を主体としてとらえ，他の社会制度を客体としてとらえる社会関係の，2つの意味合いがあるということです。すなわち，家族は客体であるだけでなく，主体となる場合があるということ，言い換えれば，家族は，個人との関係において，客体であるだけでなく，統合された主体にもなる可能性があるということです。子どもの福祉を社会的に図る場合には，この二重構造が非常に重要となります。

　これらをもとに，第2章で示した岡村の社会関係の図2-1を修正すると，図4-2のようになります。

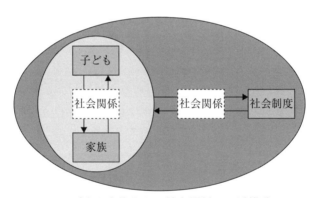

図4-2　子どもと家族を巡る社会関係の二重構造

3. 子ども家庭福祉分野におけるソーシャルワーク実践に求められる視点

（1）支援対象把握の代表的枠組み

　近年主流を占めている利用者本位の制度構築，サービス利用論は，

本人の意思を重視するため，専門職的視点の関わりが曖昧になりがちです。

多くの福祉制度が，事業者と利用者の直接契約制度に移行しています。これを整理すると，表4-1のようになります。これは，保護者の利用意向と制度（客体）側の設定する利用要件，という2つの軸で構成されています。

第1の軸は，保護者の利用にかかわる意向で，最終的には，利用を「希望する－希望しない」という2つに分かれます。ほとんどが申請主義を原則とするわが国の社会福祉サービスでは，形式的部分も多いとはいえ，保護者の主体的利用申請あるいは少なくとも合意に基づく利用申請がサービス利用の出発点となります。

第2の軸は，保護者の状況あるいは利用希望内容が，制度利用要件を「満たしている－満たしていない」というものです。専門職は，制度と両者を結びつけるものとして介在しますが，決定権は制度そのも

表4-1　支援対象把握の代表的枠組みとソーシャルワーカーの取り組み

		制度利用要件	
		利用要件を満たしている	利用要件を満たしていない
保護者の利用意向	希望する	【Ⅰ】 制度利用支援	【Ⅱ】 市場制度の活用 市民制度の活用 資源開発 （意向修正）
	希望しない	【Ⅲ】 （潜在的ニーズ）	【Ⅳ】 （ニーズ不存在）

のがもっており，専門職自体がもつわけではありません。

専門職的判断と制度的基準とは必ずしも一致しません。たとえば，保育所利用の制度的基準である保育の必要性は，多くの場合，保護者の状況により規定されていますが，専門職のなかには子どもの側の基準（たとえば，最善の利益）により規定されるべきであると考えるものもあります。障がい児保育，子育てが不安な親，子育てを半ば放棄した親などはこの例です。子どもの成長発達にとっては保育や子育て支援が必要であっても，身体的・時間的に子育てが可能であれば，制度上は必要度が低くなります。専門職は，このような限界のなかで，できるだけ良心的に制度を適用するものとして存在するにすぎません。

この枠組みでは，第1軸においては，子ども自身の意向が利用の決定の有無と直接的な関係がないこと，ソーシャルワーカー（専門職）が潜在的ニーズの発見に向かう動機づけが弱いことが課題となります。第2軸については，ソーシャルワーカーの判断が必ずしも生かされていないことに大きな問題があります。申請が利用と直接結びつかなければ，保護者には，主体性を阻害された印象しか残りません。また，保護者が子どもの権利・人権の適切な擁護者でない場合，子どもの最善の利益は，専門職としてのソーシャルワーカーをはじめとする第三者により保障されなければなりません。

（2）専門職の判断を導入した支援対象把握の枠組み

前項で検討した社会福祉サービスの代表的な支援対象把握の枠組みの限界を解消する一つの方策は，第2軸の制度利用要件を，専門職としてのソーシャルワーカーの判断と入れ替えることです。

新たな2つの軸で構成される支援対象把握の枠組みは，表4-2のように示されます。第1の軸は，表4-1同様，サービスの利用を「希望

する－希望しない」という保護者の利用意向です。第2の軸は，ソーシャルワーカーからみて，サービスをおこなう「必要がある－必要がない」という社会的支援の必要性の軸です。

　第1の利用意向の軸は，表面的には，表4-1と同様ですが，第2軸に専門職的判断を位置づけることで，実質的あるいは社会的な意味合いは少し変化すると考えられます。すなわち，積極的には，保護者の意向の尊重という理念がより強調されると考えられますが，一方で，専門職的判断の独走への牽制を意識させることにもなります。今日進められている選択的サービスへの移行は，まさにこの保護者の意向を尊重する軸です。これを実現するには，選択に足るサービスの質的・量的充実，さらには選択能力を向上させるための情報提供，協働決定，エンパワメントなどの，サービス環境の整備が並行的に進められなければなりません。

　第2の軸は，専門職的判断を尊重する軸です。時代の変化のなかで生じるサービスとニーズのミスマッチのなかには，制度的判断ではなく，専門職的判断を前面に出すことで解決あるいは緩和されるものも多くあります。子ども家庭福祉サービスにおいては，この軸は，事実上保護者の判断となる第1の軸を専門職的判断，すなわち子どもの最善の利益を考慮しながら修正するものということもできます。

（3）求められる支援対象把握の枠組み

　実際の実践においては，本人（子どもおよび保護者）の利用意向，制度利用要件，専門職的判断の3つの軸が，ソーシャルワーカーの行動の方向づけを行うことになります。多くの場合は，表4-1の枠組みで問題はありませんが，子ども家庭福祉では，子ども自身がニーズを表明できなかったり，社会がそれを適切に掌握できないことがあった

表4-2 専門職の判断を導入した支援対象把握の枠組みとソーシャルワーカーの取り組み

		社会的支援の必要性に関する専門職的判断	
		必要である	必要がない
保護者の利用意向	希望する	【Ⅰ】 制度利用支援 制度利用の工夫	【Ⅱ】 市場制度の活用 市民制度の活用 (意向修正)
	希望しない	【Ⅲ】 制度利用の動機付け 制度的介入	【Ⅳ】 (ニーズ不存在)

りするため，表4-2の枠組み，ソーシャルワーカーの専門性が課題となります。

　表4-2の枠組みが必要な場面は，保護者が，子どもの福祉との関係で適切な判断をしない場合に生ずることがほとんどです。子ども（利用者）の利益の確保と社会正義の実現は，国際的にも，国内的にも，各種ソーシャルワーカー団体の倫理綱領にも示されているところであり，歴史的にも常に求められてきたことです。

　一方，適切な判断がおこなわれている，あるいはその可能性が十分ある場合に，専門職的判断を優位に位置づけることは，専門職の横暴や誘導につながる可能性があり，この点については慎重になる必要があります。このこともまた，専門職としてのソーシャルワーカーが倫理綱領等で常に戒めてきたことです。措置制度は，専門職的判断が重視される制度ですが，たとえ措置制度であっても，この点には，慎重な姿勢が求められます。

》注・引用文献

(1) バイスティック（Biestek. F. P）の示した原則は、①個別化の原則、②意図的な感情表出、③統制された情緒的関与、④受容、⑤非審判的態度、⑥自己決定、⑦秘密保持の7つ。元々は、ソーシャルケースワークの原則として示されたものであるが、多くはソーシャルワーク全般に通ずる。

(2) スーパービジョン（supervision）には、支持的機能（職員の気持ちを受け止める機能）、教育的機能（職員の質を高めていく機能）、管理的機能（組織の質を高めていく機能）の3つの機能がある。

(3) 親権の効力は、監護教育の権利義務、居所指定権、懲戒権、職業許可権、財産管理権および代表権の5つである。

(4) 岡村重夫（1988） 社会福祉原論、全国社会福祉協議会、85頁。

1. 本人や保護者の同意なしに、職権としての保護や、サービスの提供が必要な場合を具体的に考えてみましょう。また、その際にはどのようなことに気をつける必要があると思いますか。
2. 子どもの意思を尊重する福祉サービスの提供方法、逆に、子どもの意思を軽視した福祉サービスの提供方法について、具体的に考えてみなさい。

参考文献

1. バイスティック.F.P（1957） 尾崎新・福田俊子・原田和幸訳（2006） ケースワークの原則、誠信書房
2. フレイザー.W編（2004） 門永朋子・岩間伸之・山縣文治訳（2009） 子どものリスクとレジリエンス、ミネルヴァ書房
3. 藤岡孝志監修（2010） これからの子ども家庭ソーシャルワーカー、ミネルヴァ書房
4. 桜井智恵子（2012） 子どもの声を社会へ：子どもオンブズの挑戦、岩波書店

5 | 子ども家庭福祉の法律と制度体系

《**目標&ポイント**》 本章では，子ども家庭福祉施策の基礎をなす法律の体系を理解し，それに基づく制度体系を解説していきます。さらに，施策の実現に重要な役割を果たす子ども家庭福祉の財源についても学習します。
《**キーワード**》 子ども家庭福祉の法律，児童の権利に関する条約，児童福祉法，子ども家庭福祉の体系，子ども家庭福祉の財政

1. 子ども家庭福祉の法律

　子ども家庭福祉制度の安定的運用，社会的普及あるいは社会的信用の確保は，法律，通知，条例などにより，公的責任が明示されると，より強くなります。制度に基づく子ども家庭福祉実践も同様です。ただし，後者においては，理論研究，実践研究などの成果に基づく，実践の科学化も同様に重要であることはいうまでもありません。本節では，子ども家庭福祉に，間接的に関係する法律を含め，基本的なものについて，簡単に紹介していきます。

（1）国際条約

　子ども家庭福祉に関連する国際条約には，児童の権利に関する条約，国際人権規約などがあります。国際条約は，天皇が国事行為として公布し（憲法第7条），その効力は，憲法には劣りますが，一般的な法律よりは優先します。憲法第98条2項には，「日本国が締結した条約及び

確立された国際法規は，これを誠実に遵守することを必要とする」とあります。

①国際人権規約

国際人権規約は，世界人権宣言の内容を基礎として，これを条約化したもので，人権諸条約のなかで最も基本的かつ包括的なものです。この規約は，「経済的・社会的及び文化的権利に関する国際規約」，「市民的及び政治的権利に関する国際規約」及び「市民的及び政治的権利に関する国際規約の選択議定書」からなり，日本は，前者の2つについては，1979年に批准しています。

経済的・社会的及び文化的権利に関する国際規約は，人権のうち，経済的，社会的，文化的側面について規定するもので，社会権規約あるいはA規約と呼ばれることもあります。この規約で，児童に固有の人権としては，第10条で，経済的・社会的搾取の禁止，危険労働からの保護，健全な発育のための対策などが規定されています。

市民的及び政治的権利に関する国際規約は，人権のうち，市民的，政治的側面について規定するもので，自由権規約あるいはB規約と呼ばれることもあります。この規約で，児童に固有の人権としては，第24条で，平等の権利，保護を受ける権利，氏名をもつ権利，国籍を有する権利などが規定されています。

②児童の権利に関する条約

国際人権規約が発効となった第31回国連総会（1976）において，国際児童年に関する決議が採択されました。児童権利宣言（1959）採択20周年を記念して，1979年を国際児童年とするというものです。この決定を受け，1978年，ポーランドは国連人権委員会に対し，児童権利宣言の条約化を提案しました。これが，1989年11月20日，児童の権利に関する条約（Convention on the Rights of the Child）として，国連

総会第44会期で採択されました。呼称については、児童の権利条約、子どもの権利条約とされる場合もあります。日本は、1994年に批准しています。

条約で規定される権利は、表5-1に示すとおりです。なお、この条約で「児童」とは、「18歳未満のすべての者」とされています。また、児童の権利委員会（第43条）を設置し、各国の状況について勧告等をおこなうこととなっています。

表5-1 児童の権利に関する条約の構成

第1条：児童の定義
第2条：差別の禁止
第3条：児童に対する措置の原則
第4条：締約国の義務
第5条：父母等の責任・権利及び義務の尊重
第6条：生命に対する固有の権利
第7条：登録・氏名及び国籍等に関する権利
第8条：国籍等身元関係事項を保持する権利
第9条：父母からの分離についての手続き及び児童が父母との接触を維持する権利
第10条：家族の再統合に対する配慮
第11条：児童の不法な国外移送・帰還できない事態の除去
第12条：意見を表明する権利
第13条：表現の自由
第14条：思想・良心及び宗教の自由
第15条：結社及び集会の自由
第16条：私生活等に対する不法な干渉からの保護
第17条：多様な情報源からの情報及び資料の利用
第18条：児童の養育及び発達についての父母の責任と国の援助
第19条：監護を受けている間における虐待からの保護
第20条：家庭環境を奪われた児童等に対する保護及び援助
第21条：養子縁組に際しての保護

第22条：難民の児童等に対する保護及び援助
第23条：心身障害を有する児童に対する特別の養護及び援助
第24条：健康を享受すること等についての権利
第25条：児童の処遇等に関する定期的審査
第26条：社会保障からの給付を受ける権利
第27条：相当な生活水準についての権利
第28条：教育についての権利
第29条：教育の目的
第30条：少数民族に属しまたは原住民である児童の文化・宗教及び言語についての権利
第31条：休息・余暇及び文化的生活に関する権利
第32条：経済的搾取からの保護・有害となるおそれのある労働への従事から保護される権利
第33条：麻薬の不正使用等からの保護
第34条：性的搾取・虐待からの保護
第35条：児童の誘拐・売買等からの保護
第36条：他のすべての形態の搾取からの保護
第37条：拷問等の禁止・自由を奪われた児童の取扱い
第38条：武力紛争における児童の保護
第39条：搾取・虐待・武力紛争等による被害を受けた児童の回復のための措置
第40条：刑法を犯したと申し立てられた児童等の保護
第41条：締約国の法律及び締約国について有効な国際法との関係

（2）国内法の体系

①日本国憲法

　子ども家庭福祉の法体系の基本は憲法に求めることができます。憲法では，基本的人権の享有（第11条），個人の尊重及び幸福追求権（第13条），法の下の平等（第14条），家庭生活における個人の尊厳と両性の平等（第24条），健康で文化的な最低限度の生活を営む権利（第25条），能力に応じて教育を受ける権利（第26条），勤労の権利と児童酷

使の禁止（第27条），などの規定を設けています。

　このうち，第25条は，国による社会福祉推進の根拠を示す重要な規定です（表5-2）。これらの条文に基づき，児童福祉法をはじめとする子ども家庭福祉関連法，教育，労働，保健など，子どもの生活に関連する各種の法律が制定されています。

表5-2　憲法第25条

すべて国民は，健康で文化的な最低限度の生活を営む権利を有する。 2　国は，すべての生活部面について，社会福祉，社会保障及び公衆衛生の向上及び増進に努めなければならない。

②子ども家庭福祉の法体系

　子ども家庭福祉に関連する日本の代表的な法律には，表5-3に示すようなものがあります。以下，基本的な法律と最近制定された重要な法律の，7つについて簡単に紹介しておきます。

表5-3　子ども家庭福祉の法体系

【社会の基礎にかかわる法律】 憲法，民法，少子化対策基本法，男女共同参画社会基本法 【子ども家庭福祉六法】 児童福祉法，児童扶養手当法，母子及び父子並びに寡婦福祉法，母子保健法，特別児童扶養手当等の支給に関する法律（特別児童扶養手当法），児童手当法 【子ども家庭福祉に関連する法律】 児童虐待の防止等に関する法律（児童虐待防止法） 子ども・子育て支援法，次世代育成支援対策推進法 子どもの貧困対策の推進に関する法律（子どもの貧困対策法） 就学前の子どもに関する教育・保育等の総合的な提供の推進に関する法律（認定こども園法），子ども・若者育成支援推進法

> 【子どもの生活にかかわる法律】
> 教育分野：教育基本法，学校教育法
> 司法・青少年の健全育成分野：少年法，少年院法，児童買春・児童ポルノに係る行為等の処罰及び児童の保護等に関する法律（児童ポルノ法）
> 保健医療分野：学校保健安全法，母体保護法，地域保健法
> 労働分野：育児休業・介護休業等育児又は家族介護を行う労働者の福祉に関する法律（育児介護休業法），勤労青少年福祉法
> 【社会福祉の基礎にかかわる法律】
> 社会福祉法，生活保護法，民生委員法，売春防止法
> 精神保健及び精神障害者福祉に関する法律（精神保健福祉法）
> 配偶者からの暴力の防止及び被害者の保護等に関する法律（DV 法）

（　）内は，通称。

　児童福祉法（1947）：児童福祉法は，子ども家庭福祉の最も基本となる法律で，第1条から第3条にかけて，児童福祉の理念や原理を定めています。

　児童福祉法に規定される機関や専門職には，児童福祉審議会，児童相談所，福祉事務所，保健所，児童福祉司，保育士，児童委員などがあります。児童福祉法に規定される福祉の措置および保障としては，療育の給付，要保護児童の保護措置（施設入所，里親，保護者の同意を要しない保護措置など），各種の在宅福祉サービス，禁止行為（子どもに対して大人がしてはいけない行為。労働の制限や性的な問題などを中心に規定されている）があります。

　児童扶養手当法（1961）：児童扶養手当法は，ひとり親家庭などの経済的安定を図るための児童扶養手当について規定する法律です。「ひとり親家庭など」とは，父母が婚姻を解消したもの，父または母が重度の障がいの状態にある者，未婚の母などです。2010年の年度途中までは，母子家庭のみを対象としていましたが，法改正により，父子家庭

も対象となっています。

児童扶養手当法における児童とは，18歳に達する日以後の最初の3月31日までの間にある者または20歳未満で政令で定める程度の障がいの状態にある者をいいます。

児童手当法（1971）：児童手当法は，現に子どもを養育している父母等に対して支給されるもので，制度発足当時は子ども3人以上の家庭を対象としていたこともあり，多子手当と呼ばれていました。この法律は，2010年度・2011年度は子ども手当法に改正されましたが，2012年4月から再度，児童手当法という名称になりました。支給対象児童は，日本国内に住所を有するものであれば，父母等を含め国籍を問われません。支給は第1子からですが，年齢や所得によって手当額は異なります。

この法律では，児童手当の支給以外に，事業主負担金を活用した児童育成事業[1]についても規定しています。

児童虐待の防止等に関する法律（2000）：この法律は，虐待の禁止，虐待の予防，早期発見などを通じて，子どもの権利利益の擁護に資することを目的とするもので，児童虐待防止法といわれることもあります。この法律では，虐待の定義に始まり，子どもの福祉にかかわる人や機関に対する早期発見・通告の努力義務，児童相談所等の対応に応じない保護者等に対する，再出頭要求の手続，臨検や警察との協力関係などを細かく規定しています。

就学前の子どもに関する教育・保育等の総合的な提供の推進に関する法律（2006）：この法律は，幼稚園や保育所などにおける小学校就学前の子どもに対する教育，保育，子育て支援を総合的に提供することを目的とする認定こども園について規定するもので，認定こども園法といわれることもあります。認定こども園については，2015年4月か

ら大幅な制度改正がおこなわれます。

子ども・子育て支援法（2012）：この法律は，今後の子ども・子育て支援の大幅な変革を意図し，5年以上にわたる審議会等の意見交換を経て制定されたものです。より身近な自治体である市町村を中心に，子ども・子育て支援事業計画に基づいてサービス給付体制を整備し，きめ細かな事業展開をすることが意図されています。本格実施は，2015年4月とされています。

子どもの貧困対策の推進に関する法律（2013）：この法律は，子どもの貧困対策に関し，基本理念を定め，国等の責務を明らかにし，子どもの貧困対策を総合的に推進することを目的とするもので，子どもの貧困対策法といわれることもあります。この法律に基づいて，都道府県は，子どもの貧困対策計画の策定と実施に努めることが求められています（努力義務）。

2. 子ども家庭福祉施策の体系と類型

（1）子ども家庭福祉施策の体系

子ども家庭福祉施策には，母子保健，就学前保育・教育，地域子育て支援，子どもの健全育成，社会的養護・非行・情緒障がいなどの子どもの自立支援を図る要保護児童施策，障がい児福祉，ひとり親家庭福祉など，さまざまな内容があります。サービスによって，利用できる年齢が異なっていたり，主たる利用年齢層が決まっているものもあります。年齢別の子ども家庭福祉施策の代表的な体系例が図5-1です。

（2）子ども家庭福祉施策の機能類型

子ども家庭福祉施策は，その機能によって，相談情報提供サービス，金銭給付（現金給付），現物給付，の大きく3つに分けることができま

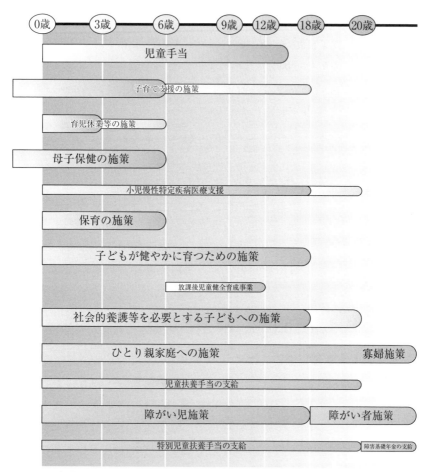

図 5-1　年齢別でみた子ども家庭福祉施策の体系例
（出典：（財）こども未来財団（2012），目で見る児童福祉 2013，2 頁を修正加筆。）

す。ただし，一つの施策が一つの類型にのみ分類できるわけではなく，施策によっては複数の内容をもつものもあります。

　相談情報提供サービスには，児童相談所，児童家庭支援センター，

地域子育て支援拠点事業などがあります。

　金銭給付（現金給付）には，児童手当，児童扶養手当，特別児童扶養手当，補装具費の支給などがあります。

　現物給付は，施設サービス，物品給付，役務サービス，医療サービスの大きく4つに分けることができます。施設サービスには，保育所，児童養護施設などの児童福祉施設，物品給付には，障がい児を対象とした日常生活用具の給付など，役務サービスには，母子家庭等日常生活支援，居宅訪問型保育サービス，居宅介護，医療サービスには，自立支援医療，（未熟児）養育医療などがあります。

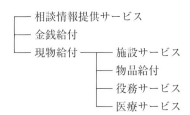

図5-2　子ども家庭福祉施策の機能類型

3. 子ども家庭福祉の財政

(1) 子ども家庭福祉の財源と GDP

　子ども家庭福祉が目指している子どもの健全な発育や成長は，児童福祉法にも定められているように国の責任で行わなければなりません。したがって，そのための費用は税金等によって主にまかなわれます。費用は，法律で定められた事業を国や地方自治体が行うために用いられます。

　わが国の子ども家庭福祉財源は，国際的にみても非常に低い水準で

あると指摘されています（図5-3）。図に示す家族関係社会支出の分類のうち、家族手当（児童手当），出産・育児休業給付，その他の現金給付は現金給付，保育・就学前教育，その他の現物給付は現物給付として支出されています。児童手当の増額や対象拡大により，2012年度には現金給付の対GDP比が少し高くなっていますが，現物給付については相変わらず低い水準です。

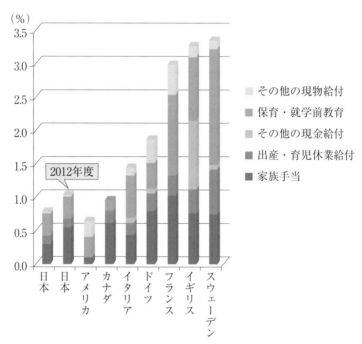

図5-3　各国の家族関係社会支出の対GDP比の比較（2007）
（資料：OECD: Social Expenditure Database（Version: November 2008））

（2）子ども家庭福祉費の構成

　国家予算としての子ども家庭福祉に関する費用は，大きく，①地方交付税交付金によるもの[2]と，②国庫補助金等によるもの，の２つに分けることができます。前者には，児童相談所の運営費，公営保育所の運営費，障がい児保育の事業費，児童厚生施設の整備費などがあります。

　後者には，補助金，負担金，利子補助金などがあります。国庫補助金等は，特定の目的のために予算化されているもので，目的の達成のために効果的に使われなければなりません。

（3）児童福祉施設の運営費

　子ども家庭福祉費のなかでも，児童手当，児童扶養手当，児童福祉施設の運営費は大きな割合を占めます。児童福祉施設の運営費負担金は，施設の制度体系によって，児童保護運営費負担金，保育所運営費負担金，障害児施設給付制度，の大きく３つに分かれます。

　児童保護運営費負担金は，要保護児童等が児童福祉施設（乳児院，児童養護施設，情緒障害児短期治療施設など），または里親に措置された場合の養育を保障する費用で，一般に措置費と呼ばれます。措置費は，大きく事務費（職員の人件費や施設の管理費など）と事業費（子どもの生活にかかる費用）からなります。保護者は，所得に応じて費用の一部を負担します。

　保育所運営費負担金は，市町村が民間保育所の運営にかかわる費用を支弁する際の国の負担額のことをいいます[3]。公立保育所については，地方交付税交付金のなかに含まれており，一般財源のなかから支出されます。

　障害児施設給付制度は，障害児入所施設および児童発達支援センタ

ーへの運営費の負担です。障害児入所施設利用にかかる費用（契約入所の場合）については，かつては，行政から施設に給付される仕組みでしたが，障害者自立支援法（現，障害者の日常生活及び社会生活を総合的に支援するための法律：障害者総合支援法）の成立に伴い，利用者（保護者）に施設支援費として給付し，利用者がその費用の一部を負担する方式へと変わりました。これを，一般に，個人給付方式といいます。利用者は，所得に応じて費用の一部を負担します。児童発達支援センターについては，都道府県から，市町村が決定する制度に移行しています。

》注・引用文献

(1) 児童手当法第29条の2に基づき，育児に関する必要な援助，あるいは児童の健康を増進し，情操を豊かにする事業を行う者に対し，助成・援助を行う事業。放課後児童健全育成事業，延長保育促進事業，病児・病後児保育事業，家庭的保育事業などに充当されている。
(2) 地方交付税交付金として地方に支出されたものの多くは，地方財政では一般財源として取り扱われる。そのため，その財源のなかから，地方自治体が再度予算化する必要があるため，国の基準額あるいは標準整備量とは異なることが多くなり，自治体間格差が生じることがある。
(3) 保育所の運営費については，2015年度からは，子ども・子育て支援法に基づく，施設型給付として支出されている。

1. 児童の権利に関する条約全文を読み，あなたがあまり意識していなかった規定内容があれば，そのことについて考えてみましょう。
2. あなたがこれまでに利用したことのある子ども家庭福祉サービスについて取りあげ，どのような時に，どのような方法で利用したかなどを考えてみましょう。

参考文献

1. こども未来財団（2012）　目で見る児童福祉2013, こども未来財団
2. 畑本裕介（2012）　社会福祉行政: 行財政と福祉計画, 法律文化社
3. 波多野里望（2005）　逐条解説児童の権利条約（改訂版）, 有斐閣
4. 井村圭壯・相澤譲治編著（2008）　社会福祉の基本体系（第4版）, 勁草書房
5. 村川浩一・澤井勝・田中秀明・蟻塚昌克（2011）　日本の福祉行財政と福祉計画, 第一法規

6 子ども家庭福祉の実施体制

《目標＆ポイント》 子ども家庭福祉施策を有効に展開していくには，それを推進していくための体制整備や，実際に実践を担う事業主体の充実が必要となります。本章では，推進機構としての行政，事業主体としての公的相談支援機関，公的施策の事業主体としての民間機関，さらにそこに従事する専門職などについて学習していきます。

《キーワード》 児童福祉審議会，要保護児童対策地域協議会，児童相談所，児童福祉司，子ども家庭福祉施設，児童福祉施設の設備及び運営に関する基準

1. 子ども家庭福祉行政の機構

子ども家庭福祉行政は，図6-1に示すような国，地方自治体の仕組みのなかで運営されています。

(1) 国の機構

子ども家庭福祉行政は，厚生労働省雇用均等・児童家庭局を中心に営まれています。厚生労働省には，社会福祉や社会保障に関する事柄を審議するために，社会保障審議会が設置されています。社会保障審議会には分科会や部会などが設けられ，専門的な調査，審議を行っています。また，子どもに関しては，児童部会が設けられています。児童部会には，さらに，放課後児童クラブの基準に関する専門委員会，児童部会社会的養護専門委員会，児童部会児童虐待等要保護事例の検

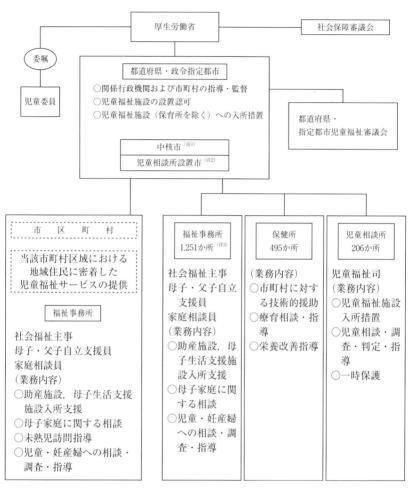

(注1) 中核市　　　　　1996年4月より，中核市が設けられ，特定児童福祉施設の設置認可等，一部の児童福祉行政について都道府県・指定都市の事務を行うこととされた。（2014年4月1日現在，43市）
(注2) 児童相談所設置市　2005年4月より，児童相談所設置市が設けられ，児童福祉施設への入所措置等，一部の児童福祉行政について，都道府県の事務を行うこととされた。（2014年4月1日現在，横須賀市と金沢市の2市）
(注3) 福祉事務所，保育所，児童相談所の数は2013年4月現在。

図6-1　子ども家庭福祉行政の仕組み
　　　　（資料：こども未来財団（2012）　目で見る児童福祉2013，6頁を修正。）

証に関する専門委員会などが設けられ，より専門的な審議をしています。

（２）地方自治体の機構

　地方自治体にも，福祉を担当する部門が設けられています。かつては，民生部（局）という名称が一般的でしたが，最近では福祉部（局），保健福祉部（局），子ども青少年部（局）など，多様な名称となっています。

　また，都道府県，政令指定都市，中核市には，子ども家庭福祉に関する調査審議を行う機関として，児童福祉審議会がおかれています。ただし，これは独立して設置する必要はなく，社会福祉審議会[(1)]の専門部会として設置することも可能です。

①都道府県の業務

　児童福祉法に規定される，都道府県の代表的な業務は，第11条および第27条にみられます。

　第11条では，(ア)子ども家庭福祉に関連する市町村の業務の実施に関し，市町村相互間の連絡調整，市町村に対する情報の提供など，(イ)子どもや妊産婦の福祉に関する業務（市町村の区域を超えた広域的な見地からの実情の把握／子どもや家庭からの相談のうち，専門的な知識および技術を要するものへの対応／必要な調査ならびに医学的・心理学的・教育学的・社会学的および精神保健上の判定／調査・判定に基づく子どもや保護者に対する必要な指導／子どもの一時保護），(ウ)里親の相談に応じ，必要な情報の提供，助言，研修その他の援助を行うこと，などを規定しています。

　第27条は，児童相談所関連の事業に関する規定で，具体的には，(ア)子ども・保護者に対する訓戒・誓約，(イ)子ども・保護者に対する児童

福祉司による指導，同じく，知的障害者福祉司・社会福祉主事・児童委員・児童家庭支援センター職員への指導委託，(ウ)小規模住居型児童養育事業を行う者または里親への委託，児童福祉施設（乳児院，児童養護施設，障害児入所施設，情緒障害児短期治療施設，児童自立支援施設）への入所措置，(エ)家庭裁判所への送致，の4つを規定しています。ただしこれは，児童相談所長に委託することができるとされており，実質は児童相談所長が行うのが一般的です。

②市町村の業務

児童福祉法に規定される，市町村の代表的業務は，第10条，第25条の7にみられます。

第10条では，児童・妊産婦の福祉に関し，(ア)必要な実情の把握に努めること，(イ)必要な情報の提供を行うこと，(ウ)家庭その他からの相談に応じ，必要な調査および指導を行うこと，などを規定しています。また，これらを遂行するにあたっては，児童相談所の技術的援助・助言を求めなければならないこと，医学的・心理学的・教育学的・社会学的・精神保健上の判定を必要とする場合には，児童相談所の判定を求めなければならないこととされています。

第25条の7では，要保護児童として通告を受けた者[2]やその保護者に対して，必要に応じて，(ア)児童相談所に送致すること，(イ)社会福祉主事や知的障害者福祉司に指導させること，などを規定しています。

2．子ども家庭福祉の実施機関

（1）子ども家庭福祉の実施機関の類型

子ども家庭福祉サービスの実施機関は，大きく4つに分けることができます。

第1は，公的部門が直接運営するものです。児童相談所，家庭児童

相談室，保健所，市町村保健センターなどは，地方自治体にしか設置が認められていません。施設サービスや在宅サービスについては，かつては直接供給方式もみられましたが，規制改革に伴う民営化の推進により，最近ではやや減少傾向にあります。とりわけ，公設公営で運営されてきた保育所の民間移管が進んでいます。

第2は，認可制度のなかで公的責任のもとに提供されるものです。社会福祉法人制度は，この受け皿として制度化されています。子ども家庭福祉サービスの多くは，このような形で提供されます。認可制度の安心感と事業の安定感はありますが，柔軟性が欠如したり，開拓的努力が発揮されないなどの理由で，認可制度のあり方についての検討が今後進むものと予想されます。

第3は，企業等の独自事業です。ベビーシッターや認可外保育施設などがこの代表例です。社会福祉法に規定されない事業については，従来は社会福祉事業とみなさないのが一般的でしたが，最近ではこの領域の事業の一部は社会福祉事業とみなす場合があります。

第4は，住民の主体的事業です。民生児童委員による子育て支援活動，小地域社会福祉協議会の子育てサロン活動，親同士の仲間である子育てサークルなどがこの代表例です。

（2）子ども家庭福祉の相談機関
①児童相談所

児童相談所は都道府県，政令指定都市に設置されます[3]。名称は，子ども家庭センター，こども相談センターなど多様で，2013年4月現在で，206か所設置されています。児童相談所は，(ｱ)子どもに関するさまざまな問題について家庭その他からの相談，(ｲ)子どもおよびその家庭について，必要な調査，医学的・心理学的・教育学的・社会学的およ

び精神保健上の判定，(ウ)子どもおよびその保護者について，調査または は判定に基づいて必要な指導，(エ)一時保護，などを行っています。

　児童相談所には，所長および所員（児童福祉司，児童心理司など）がおかれ，図6-2に示すような流れで，業務を遂行しています。児童相談所の相談受付件数は，一時期減少傾向にありましたが，20年くらい前から急増し，この10年間は，年間35〜40万件で推移しています（図6-3）。この急増の背景には，子ども虐待への対応として，児童虐

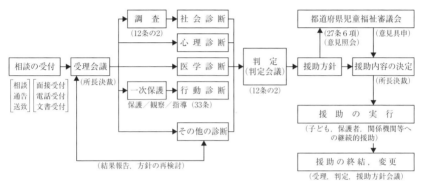

図6-2　児童相談所の業務の流れ

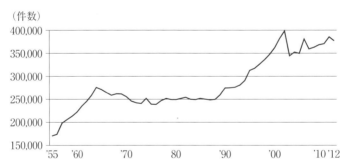

図6-3　児童相談所相談受付件数の推移
　　　　　　　　　　（資料：厚生労働省　福祉行政報告例）

防止法が制定され，通告に関する市民や関係機関の意識が高まったことがあります。

②福祉事務所

福祉事務所は社会福祉法第14条に基づき設置されるもので，都道府県および市が義務設置，町村は任意設置となっています。法律上は，福祉に関する事務所とされていますが，多くは福祉事務所と呼ばれています。保健部門と統合して，保健福祉センターなどと呼ぶ自治体もあります。福祉事務所は，2013年4月現在で，1,251か所（県210，市999，町村42）設置されています。

福祉事務所における子ども家庭福祉関連業務は，(ア)子どもおよび妊産婦の福祉に関し必要な実情の把握に努めること，(イ)子どもおよび妊産婦の福祉に関する事項について相談や調査を行い，個別的または集団的に必要な指導を行うことです。かつては，助産施設，母子生活支援施設の入所措置を行っていましたが，これらが措置施設でなくなったため，措置業務は行いませんが，申し込みの窓口として，引き続き重要な役割を担っています。

福祉事務所では，社会福祉主事が主に相談活動にあたります。また，福祉事務所の多くには，家庭児童相談室が設置（任意設置）されており，児童相談所などと連携しながら，地域の親子の相談にあたっています。しかしながら，児童福祉法の改正により，子ども家庭福祉相談の第一義的窓口が市町村となったこと，また合併により，全国の市町村の8割が市になったことなどにより，家庭児童相談室の固有性は薄らぎつつあります。

③その他の相談機関

この他にも，子ども家庭福祉の相談を機関の機能の一部に位置づけているものとして，児童家庭支援センター，地域子育て支援拠点事業，

児童委員などが整備されています。

児童家庭支援センターは児童福祉施設として位置づけられているもので，(ア)地域・家庭からの相談に応ずる事業，(イ)市町村の求めに応ずる事業，(ウ)都道府県または児童相談所からの受託による指導，(エ)関係機関等との連携・連絡調整，などを行っています。多くは，児童養護施設などの児童福祉施設に併設されています。

地域子育て支援拠点事業は，児童福祉法に基づき，身近な地域で子育て支援活動を行う拠点として整備されているもので，(ア)親子の交流の場の提供・交流促進，(イ)子育てに関する相談・援助，(ウ)地域の子育て関連情報の提供，(エ)子育て・子育て支援に関する講習会等，を基本事業としています。

児童委員は，児童福祉法に基づき，厚生労働大臣から委嘱を受けた民間福祉活動者で，民生委員が兼ねています。児童委員は，児童および妊産婦について，(ア)生活や取り巻く環境の状況を適切に把握しておくこと，(イ)保護，保健などに関し，サービスを適切に利用するために必要な情報の提供，援助，指導を行うこと，(ウ)社会福祉事業などを経営する者や子ども家庭福祉活動を行う者と密接に連携し，支援すること，(エ)児童福祉司・社会福祉主事の行う職務に協力すること，(オ)児童の健やかな育成に関する気運の醸成に努めること，などが求められています。主任児童委員は，児童委員のなかから，子ども家庭福祉業務を主に遂行するものとして，厚生労働大臣から指名されます。

(3) その他の子ども家庭福祉に関連する機関
①保健所

保健所は，地域保健法に基づき，都道府県，政令指定都市，中核市，特別区などに設置されます。保健所における子ども家庭福祉関連業務

は，㋐子どもの保健についての正しい衛生知識の普及，㋑子どもの健康相談，健康診査，保健指導，㋒身体に障がいのある子ども，および疾病により長期にわたり療養を必要とする子どもの療育指導，㋓子ども家庭福祉施設に対する栄養の改善，その他保健に関する必要な助言，を行うことなどです。

②市町村保健センター

　市町村保健センターは，地域保健法に基づき市町村に設置されます。設置は任意設置であり，すべての市町村にあるわけではありません。市町村保健センターでは，住民に対し，健康相談，保健指導および健康診査などを行っています。子ども家庭福祉に関連する業務としては，予防接種，母子保健法に基づく乳幼児健康診査を行っているところが多いようです。また，市の設置する保健センターの場合，福祉事務所と一本化して，保健福祉センターや福祉健康センターなどの名称にしているところも増えつつあります。

③家庭裁判所

　家庭裁判所は，裁判所法に基づき設置される裁判所の一つです。家庭裁判所では，㋐子どもの虐待や養子縁組・特別養子縁組など，家庭に関する事案の審判および調停，㋑少年保護事件の審判，などの業務を行っています。児童福祉法との関係では，犯罪少年などの通告先，都道府県知事からの送致先，保護者が施設入所に同意しない場合の審判，親権喪失の宣告や後見人の選任・解任に関する手続きなどがあります。家庭裁判所には，家事審判官（裁判官），家庭裁判所調査官，調停委員などが働いています。

④少年鑑別所

　少年鑑別所は，少年院法に基づき設置されます。少年鑑別所では，主として家庭裁判所から観護措置の決定によって送致された少年を最

高8週間入所させ，医学，心理学，社会学，教育学などの専門的知識や技術によって調査や診断を行います。少年鑑別所には，法務教官などが働いています。

⑤保護観察所

保護観察所は，犯罪者予防更生法に基づき設置されます。保護観察所では，(ア)保護観察の処分になったものの更生指導・援助，(イ)刑務所や少年院に入っているものが社会復帰した場合の家庭環境などの調整，(ウ)地域で犯罪や非行を防止するための啓発活動を行うなどの犯罪予防活動，などを行います。保護観察所には，保護観察官などが働いています。

⑥配偶者暴力相談支援センター

配偶者暴力相談支援センターは，配偶者からの暴力の防止および被害者の保護等に関する法律（通称 DV 法）に基づいて，都道府県が設置する機関です。単独で設置されているものはほとんどなく，売春防止法に基づいて設置されている婦人相談所にその機能を担わせている場合が多いようです。

配偶者暴力相談支援センターでは，(ア)直接相談または福祉事務所の婦人相談員などの紹介，(イ)医学的または心理学的な指導，(ウ)一時保護，(エ)自立生活促進のための情報提供や必要な援助，(オ)保護命令制度の利用についての情報提供や必要な援助，(カ)保護施設の利用についての情報提供や必要な援助，などを行っています。DVと子ども虐待は深い関連があり，その面からも重要な意味をもっています。

3．子ども家庭福祉等施設

本項では，前項で示した子ども家庭福祉施策のうち，子ども家庭福祉等施設について，簡単に紹介しておきます。

(1) 子ども家庭福祉等施設の種類

子ども家庭福祉にかかわる施設は，児童福祉法を中心にさまざまな法律で規定されています。それらの施設は，機能によって，入所により生活を保障したり，自立に向けての訓練を行う施設，同じくこれを通所により行う施設，相談や日常の利用に供される施設，の大きく3つに分けることができます。表6-1は，代表的な施設を主たる機能により分類したものです。

表6-1　機能別子ども家庭福祉等施設

	入所施設	通所施設	相談・利用施設
児童福祉法	助産施設 乳児院 母子生活支援施設 児童養護施設 障害児入所施設 情緒障害児短期治療施設* 児童自立支援施設*	保育所 児童発達支援センター	児童厚生施設（児童館，児童遊園） 児童家庭支援センター
母子及び父子並びに寡婦福祉法			母子・父子福祉センター 母子・父子休養ホーム
母子保健法			母子健康センター
少年院法	初等少年院 中等少年院 特別少年院 医療少年院		

＊の施設には，通所機能もある。

(2) 子ども家庭福祉等施設の基本的事項の規定

児童福祉法には，「都道府県は，児童福祉施設の設備及び運営につい

て，条例で基準を定めなければならない」(第45条第1項) という規定があります。また，第2項には，「都道府県が前項の条例を定めるに当たっては，次に掲げる事項については厚生労働省令で定める基準に従い定めるものとし，その他の事項については厚生労働省令で定める基準を参酌するものとする」と規定されており，国はこれに従って，「児童福祉施設の設備及び運営に関する基準」を設けています。「次に掲げる事項」とは，施設の職員配置，居室面積や設備などのことをいいます。

》》注・引用文献

(1) 社会福祉法第7条に基づき，都道府県，政令指定都市，中核市に設置される機関。社会福祉審議会には，民生委員審査専門分科会，身体障害者福祉専門分科会をおかなければならない。必要に応じ，老人福祉専門分科会などをおくこともできる。同法第12条では，「社会福祉審議会に児童福祉に関する事項を調査審議させることができる」と規定している。

(2) 児童福祉法第25条または児童虐待の防止等に関する法律第6条に基づいて，要保護児童・被虐待児童として市町村に通告されたもの。詳しくは，第10章を参照。

(3) 中核市においても，児童相談所を設置することができる。その場合，児童相談所設置市とよばれ，児童福祉法上の業務を遂行できる。2013年現在，金沢市と横須賀市が，児童相談所設置市となっている。

1. 児童相談所の相談種別ごとの相談動向を調べ，特徴を検討してみましょう。
2. 子ども家庭福祉関係機関や施設について，職種，職員配置，資格要件などについて調べてみましょう。

参考文献

1. 神野直彦・山本惠子・山本隆編著（2011） 社会福祉行財政計画論，法律文化社
2. 増田雅暢執筆代表（2011） よくわかる社会福祉施設（第2版），全国社会福祉協議会
3. 小倉昌男（2003） 福祉を変える経営：障害者の月給1万円からの脱出，日経BP社
4. 斉藤幸芳・藤井常文（2012） 児童相談所はいま―児童福祉司からの現場報告，ミネルヴァ書房

7 | 就学前の保育・教育と子ども家庭福祉

《目標＆ポイント》 子どもは育つ存在であると同時に，育てられる存在でもあります。子どもを育てる最も身近で大きな存在は，当然のことながら親ですが，成長するにつれて，社会制度も重要な意味をもちます。本章では，就学前の保育・教育の中心的な資源である保育所および幼稚園を中心に，そのあゆみや現状を理解することを目標とします。
《キーワード》 保育所，幼稚園，認定こども園

1. 戦前の幼稚園・保育所

（1） 幼稚園の成立

　教育は，社会を発展させる基礎となる政策です。近代日本の基礎を形成すべく，明治政府も教育政策を重視しました。1872（明治5）年，政府は，学制を発布しましたが，そこには，尋常小学校入学前の男女に入学前予備教育を行うものとして，幼稚小学という学校が規定されていました。ただし，実際にはこれは設置されておらず，最初に幼稚園が開設されたのは，1876年，東京女子師範学校附属幼稚園（現，お茶の水女子大学附属幼稚園）のことです。同園は，1892年に，分室（簡易幼稚園）を設置し，低所得者の子どもへの教育にも着手しました。

　1900年には，野口幽香や斉藤峰により，二葉幼稚園（東京）が開設されます。これは，貧民幼稚園とも呼ばれることがあり，低所得者向

けの幼児教育機関として活動を開始しますが，1915 年には，二葉保育園と改称し，保育所としてその後は活動を続けます。

（2）保育所の萌芽

　保育事業の萌芽は，1890 年，赤沢鍾美（あつとみ）・ナカ夫妻が家塾，新潟静修学校の付属施設として開設した託児所といわれています。その後，工場敷設託児所，軍事託児所，農繁期託児所，あるいは米騒動や災害など，庶民の生活が混乱したあとに公営保育所も作られます。

　1900 年代初期には，全国の社会事業家を集め，第 1 回の感化救済事業講習会が開催され，その成果として，幼稚園とは別種の保育機関として，内務省による託児所への助成事業が始まります。しかしながら，国の制度として，保育所が作られることはありませんでした。

2．戦後の就学前の保育・教育施策

（1）就学前の保育・教育施策の展開

　1947 年は，就学前保育・教育に大きな意味のある年となりました。教育基本法，学校教育法，児童福祉法が相次いで成立します。このなかで，幼稚園は，学校教育法で「幼児を保育し，適当な環境を与えて，その心身の発達を助長すること」を目的とする学校として位置づけられることになります。一方，保育所は，児童福祉法で「日日保護者の委託を受けて，保育に欠ける[1]その乳児又は幼児を保育すること」を目的とする児童福祉施設として位置づけられます。

　その後，幼稚園および保育所は，それぞれの法律をベースに，時代の変化に合わせつつ，修正を加えながら展開していきます。とりわけ，保育所は生活に密着した制度であるがゆえに，社会状況の変化に応じて明確に姿を変えていきます。一方，幼稚園は，本質は大きく変化し

ない子どもという存在に対する保育を目的とするものであり，社会状況の変化に対して，教育内容は修正しつつも，教育事業そのものはあまり大きな変化はみられませんでした。

そこで，保育所を中心に，戦後の展開を整理すると，大きく5つの段階が存在することがわかります。これを図式化したものが図7-1です。

第1期は1960年前後までの時期で，主として低所得者対策あるいは戦後処理対策を行っていました。この期の初期は，民間保育所を中心に保育事業が実施されていましたが，後半になると公営保育所の設置が進みます。

第2期は1975年前後までで，高度経済成長を支える活動をしていました。この時期には，保育所の新設ラッシュとなり，とりわけ公営保育所の拡充が進みます。3歳未満児を対象とする保育所も少しずつ増えていきますが，0歳児保育はあまり進んでいませんでした。一方，幼稚園は，高度経済成長を支える人材の基礎教育の場としての役割を果たすことになります。

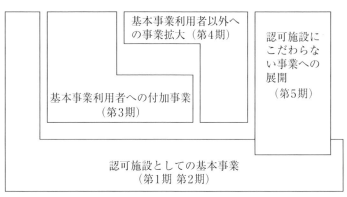

図7-1　保育所・幼稚園の展開

第3期は1990年前後までで，就労を通じた女性の自立支援を行っていました。この時期には，延長保育や乳児保育などが急速に整備されることになりますが，これらを担うのは民間保育所で，公営保育所の新設はほとんどみられなくなります。一方，1980年代後半から5年程度続いたバブル景気と呼ばれた時期には，その前後を含め，保育所の利用児数自体は減少した時期でもあります。経営主体については，幼稚園も同様で，公営施設の新設はほとんどされない状況となります。

　第4期は2000年代の半ばまでで，就労以外の社会参加を含む女性の自立支援や，地域子育て支援センター（現，地域子育て支援拠点事業）の拡充など，いわゆる子育て支援あるいは地域支援と呼ばれる事業を展開することになります。この時期は，少子化社会への対応を意識したエンゼルプランの策定も行われ，その後の子育て支援策の計画的な整備も始まります。

　第5期は，それ以降，現在に至る時期です。この時期には，都市部では待機児の継続的存在，地方では少子化の影響による保育所の閉鎖や統廃合という二極化が進みます。一方，幼稚園は全国的に利用児数減が顕著となります。夏期を含む預かり保育の実施や，満3歳の年度途中からの入所などの対応も進みますが，その歯止めはかかっていない状況です。このような状況への対応も含め，就学前の保育・教育施策のあり方を根幹から見直す取り組みも始まります。2006年には，「就学前の子どもに関する教育，保育等の総合的な提供の推進に関する法律」（通称，認定こども園法）が成立し，幼稚園と保育所の一体化への歩を踏み出すことになります。さらに，2012年には，子ども・子育て支援法の成立に合わせ，認定こども園法も改正され，2015年4月から，幼保連携型認定こども園は，一歩進んだ幼保一体化施設として展開します。

(2) 保育所・幼稚園の利用児の動向

50年以上遅れて制度化された保育所ですが，児童福祉法制定により，民間事業や市町村事業として実施されていた保育事業が認可されたことにより，1950年代半ばまでは，幼稚園よりも保育所の利用児数が多い状況で戦後はスタートしました。しかしながら，1950年代後半に，幼稚園の利用児数が多くなって以降は，その差はどんどん開き，1975年前後には，60万人以上の差がついていました。

その後，保育所，幼稚園ともに利用児数の減少が始まります。とりわけ，幼稚園は，2年保育から3年保育，満3歳の年度途中からの入所，さらには預かり保育による就労家庭等への対応を図りますが，利

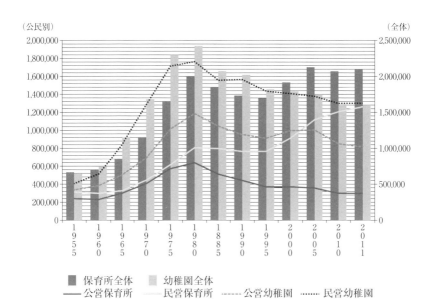

図7-2　保育所・幼稚園の利用児数の動向
（資料：社会福祉施設等調査，学校基本調査，各年版）

用児数は継続的に減少していきます。一方，保育所の利用児数は，1990年代半ばまでは減少しますが，その後の長引く不況の中で一気に増加します。その結果，1998年には，保育所と幼稚園の利用児数は逆転し，2012年には60万人の差が生じています。

経営主体別の推移も1980年以降はその変動が激しく，ずっと第1位であった民営幼稚園が，2012年にはついに民営保育所に逆転される状況となっています。

3. 現代の就学前保育・教育施策

(1) 就学前保育・教育施策の意義

就学前保育・教育施策は，子どもの育ちを保障し，社会化していく上で重要な意味をもちます。一方，家庭の方からみても，子どもの育ちにおいて，外部化により保障される方がより有効と考えられる部分を，専門家・専門機関に付託することは有意義です。加えて，親とりわけ母親の就労を通じた社会参加は，本人の自己実現という私的側面だけでなく，夫婦等による家庭生活の経済的維持や持続可能な全体社会の構築という面においても，今後ますます重要になっていくと考えられます。

就学前の子ども施策のなかでも，保育所および幼稚園は，量的にも質的にも，最も大きな位置を占めています。そこには，大きく4つの意義があります。

第1は，子どもの育ちの支援です。保育所にしても幼稚園にしても，第一義的目的は，子どもの育ちを支援することにあります。対象は法律によって異なりますが，児童福祉法および学校教育法では，両者の目的を，「保育」としています。子どもの育ちは，保育所や幼稚園だけが担うものではありません。最も中心となるのは家庭です。また，地

域も同様の役割を担っています。保育所や幼稚園の中心的機能とは位置づけられていませんが，いずれにも，(地域) 子育て支援の機能が努力義務として課せられていることは，このことを示しています。

　第2は，親による子育ての支援あるいは補完です。とりわけ，保育所は，親の就労を支援する施設であるがゆえに，乳幼児全体を対象とし，かつ親と離れての生活時間が相対的に長くならざるをえません。このような側面が社会的に強く意識され，保育所は子育ての代替や親の就労支援のための施設のようにとらえられがちですが，あくまでも児童福祉施設として位置づけられていることを忘れてはならないでしょう。当然のことながら，幼稚園も教育面の補完をしていますし，時間が短いとはいうものの，その間，親が直接的な子育てから解放されることは間違いありません。子どもは，24時間の生活の連続のなかで成長しています。子育ても，同様に24時間，365日の営みになります。保育所や幼稚園はその一部を担うものであり，代替ではなく，補完関係によって子育ての全体が成り立っているということです。

　第3は，社会基盤や社会の成長・成熟の一部を構成する重要な社会資源であるということです。保育所は，保護者の就労等を保障することで，社会の維持や成長を直接支えます。一方，幼稚園は，教育的要素をより前面にだすことで，社会を形成する人づくりに貢献しているということになります。むろん，保育所においてもこのことは同様です。

　最後は，これらのことを通じて，少子化の歯止めの一助となることです。男女が，就労しながらも，経済的にも社会的にも安心して子育てに向かうことができる環境を保障するものとして，保育所には，このような期待が高いようです。統計的には，出生率の上昇に果たす役割は必ずしも大きいとはいえませんが，子育て支援や親支援を含めた

総合的な保育・教育施策は，一定の役割を果たすものと考えられます。

なお，保育所は福祉の制度，幼稚園は教育の制度という見方が一般的ですが，それは，制度上の位置づけの問題に過ぎません。その本質は，子どもの側からみると，いずれも，社会化あるいは育ちの支援の過程において，すべての子どもに必要なものです。両者は，対立的なものではなく，家庭の状況や子どもの育ちの状況に合わせて，適切に組み込むべきものあるいは保障すべきものということができます。2015年度から大きな改革が実行され，認定こども園制度とりわけ幼保連携型認定こども園は，両者の壁を低くする取り組みとして期待されています。

（2）幼稚園と保育所の相違

現在，就学前の保育・教育施策の中心的役割を果たしているのが，保育所と幼稚園です。ここでは，両者の相違を考えていきます。

表7-1に示すように，法律上は，保育所も幼稚園も「保育」を目的とするものです。また，その目的を達成するために活動する主たる職員である保育士，幼稚園教諭の専門職の職務も少なくとも「保育」を行うものとされています。すなわち，保育を目的とする施設で，主として保育を職務とする人が多く働いているということになります。

「教育」については，保育所は，「保育所における保育は，養護及び教育を一体的に行うことをその特性とし，その内容については，厚生労働大臣が定める指針に従う」と，児童福祉施設の設備及び運営に関する基準に定められています。厚生労働大臣が定める指針とは，保育所保育指針のことをいいます。一方，幼稚園の教育は，学校教育法第23条で，「(保育)という目的を実現するため」に行うものとして，5つの内容を示し，これを幼稚園教育要領でさらに具体化しています。なお，

保育所保育指針と幼稚園教育要領については，3歳以上の内容について調整が行われ，実践上は，かなりの部分で共通化が図られています。

(3) 認定こども園

2006年，「就学前の子どもに関する教育，保育等の総合的な提供の推進に関する法律」(通称，認定こども園法) が制定され，保育，教育，

表7-1　保育所と幼稚園の主たる相違

	保育所	幼稚園
根拠法と管轄	児童福祉法　厚生労働省	学校教育法　文部科学省
対象と目的	日日保護者の委託を受けて，保育に欠けるその乳児又は幼児を保育することを目的とする	義務教育及びその後の教育の基礎を培うものとして，幼児を保育し，幼児の健やかな成長のために適当な環境を与えて，その心身の発達を助長することを目的とする
主たる職員の職務	保育士：専門的知識及び技術をもって，児童の保育及び児童の保護者に対する保育に関する指導を行うことを業とする	幼稚園教諭：幼児の保育をつかさどる
保育・教育内容	保育所保育指針（告示）に基づく	幼稚園教育要領（告示）に基づく
職員配置・設備・環境等	児童福祉施設の設備及び運営に関する基準（省令）で規定	幼稚園設置基準（省令）で規定
保育・教育時間	一日8時間を原則とし，地域や家庭の状況等を考慮して，保育所の長が定める	4時間を標準
開所時間・日数	保育所運営費上は，11時間（制度上の解釈）	年間39週を下ってはならない
設置	市町村に実施義務（民間への委託は可能），例外規定もあり	国，地方自治体，学校法人を原則

子育て支援の3つの機能を総合的に提供する施設として，認定こども園が制度化されました。これは，新たな就学前保育・教育施設として期待されているものです。

認定こども園には，①幼保連携型（保育所，幼稚園双方の認可を受けているもの），②幼稚園型（幼稚園としての認可のみで保育所としての認可は受けていないもの），③保育所型（保育所としての認可のみで幼稚園としての認可は受けていないもの），④地方裁量型（幼稚園としても，保育所としても認可を受けていないもの），の4類型があります。

認定こども園法は，2012年に大幅改正され，2015年4月からは，幼保連携型認定こども園が，保育所でも幼稚園でもない，新たな独立施設として運用されることになっています。詳しくは第15章に記載してあります。

(4) その他の就学前保育・教育施設

保育所，幼稚園，認定こども園以外にも，就学前保育・教育を担っている施設があります。たとえば，家庭的保育（保育ママ），居宅訪問型保育（ベビーシッター），事業所内保育施設，へき地保育所などです。子ども・子育て支援新制度では，小規模保育事業（定員6人から19人の認可外保育施設）の創設も決定しています。

4. 就学前保育・教育施策の課題

保育・教育施策は，就学前施策のなかでも最も普及しているサービスであるがゆえに，課題のほとんどは，すでに明らかになっていると考えられます。しかしながら，まだ十分には成果の上がっていない取り組みもみられます。

最後に，代表的なものを5点だけ指摘しておきます。

　第1は，保育所における「教育」の位置づけが，幼稚園と対等になっていないということです。すなわち，幼稚園における教育は，「義務教育及びその後の教育の基礎を培う」ものと法的に位置づけられていますが，保育所の場合は，養護との一体的提供として，省令と告示で定められているに過ぎません。親の生活状況によって，社会的に準備されている子どもへの教育が異なるということです。新たな幼保連携型認定こども園は，これを解消することを一つの目的としており，自治体や実践現場での積極的な推進が期待されます。

　第2は，幼稚園のない地域の拡大です。少しデータは古いですが，人口5千人を割ると7割弱，1万人未満でも約半数の市町村には幼稚園がありません。このことは2つの課題を生じさせます。すなわち，幼稚園の選択が保護者に許されていないこと，また，保育所制度は，「保

表7-2　市町村の人口規模別保育所・幼稚園設置率（2006年5月現在）

	5千人未満	5千～1万人	1～2万人	2～5万人	5～10万人	10万人以上	計
幼稚園設置	32.4	62.4	80.7	94.6	99.3	100.0	80.7
幼稚園未設置	67.6	37.6	19.3	5.4	0.7	0.0	19.3
保育所設置	82.4	98.1	98.2	99.5	99.6	99.6	96.8
保育所未設置	17.6	1.9	1.8	0.5	0.4	0.4	3.2
全体	13.6 (250)	14.0 (258)	18.0 (322)	24.0 (443)	15.0 (277)	15.4 (283)	100.0 (1,833)

（資料：社会保障審議会第7回少子化対策特別部会（2008.4.21）（　）内は，該当市区町村数）

育に欠けない子」の受け入れを想定しておらず，制度を厳密に運用すると，このような状況にある子どもは，就学まで子ども集団での育ち合いが保障されないことです。

　第3は，在宅子育て層に対する地域子育て支援資源の不足です。この点については，次章で詳しく検討します。

　第4は，都市部を中心とした待機児の存在です。待機児対策については，この間，認可保育所の新設，公営保育所の民営化，認定こども園の創設，保育所の分園設置，運営主体の参入規制の緩和，認可に際しての環境基準の緩和など，さまざまな取り組みが行われてきました。しかしながら，都市部を中心に待機児はいまだ多く存在しています。子ども・子育て支援新制度では，小規模保育事業や幼保連携型認定こども園の拡充など，新たな待機児対策も開始されます。現在の待機児は，厚生労働省の示す基準で集計されていますが，認可制度を利用できず，自治体が独自に基準を示している認可外保育事業の利用に留まっていたり，入所の可能性が低いため，最初から利用をあきらめていたりする人も，保護者の立場に立つと待機と同様の状況にあるといえるでしょう。希望の保育所に入所できなかった人も，満足感は低いはずです。利用の有無だけでなく，将来的には「満足のいく選択」次元まで対応するのかどうかも，社会的な課題といえるでしょう。

　第5は，保護者の労働と保育施策とのバランスの問題です。保護者の就労保障は当然必要ですが，一方で，子どもを育てる責任や，子どもが保護者に育てられる権利という視点も重要です。育児休業や，少なくとも子どもが乳幼児期にある場合の短時間勤務，さらには病児・病後児の養育の在宅支援など，保育所等での保育の充実以外の方策も強化し，保護者が多様な選択をできる状況にすることが必要でしょう。

》注・引用文献
(1) 「保育に欠ける」とは，児童福祉法施行令で定める基準に従い，市町村が条例で定める，保育所を利用できる要件。施行令で定める基準は，保護者のいずれもが，①昼間労働することを常態としている，②妊娠中であるか又は出産後間がない，③疾病にかかり，若しくは負傷し，又は精神若しくは身体に障がいを有している，④同居の親族を常時介護している，⑤震災，風水害，火災その他の災害の復旧に当たっている，⑥これらに類する状態にある，のいずれかの状態にあり，かつ日中子どもの保育をする者がいない場合をいう。

1. 保育所・幼稚園が実施している「基本事業利用者への付加事業」，「基本事業利用者以外への事業」について，どのようなものがあるか調べてみましょう。
2. 認定こども園とはどのようなものか，さらに詳しく調べてみましょう。

参考文献

1. 秋田喜代美（2013）　保幼小連携：育ちあうコミュニティづくりの挑戦，ぎょうせい
2. 柏女霊峰（2011）　子ども家庭福祉・保育の幕開け：平成期の改革はどうあるべきか，誠信書房
3. 子どもと保育総合研究所（2013）　子どもを「人間としてみる」ということ：子どもとともにある保育の原点，ミネルヴァ書房
4. 日本保育学会編（2009）　戦後の子どもの生活と保育（日本保育学会60周年記念出版），相川書房
5. NPO法人全国認定こども園協会編（2013）　認定こども園の未来：幼保を超えて，フレーベル館

8 | 地域子育て支援と子ども家庭福祉

《目標＆ポイント》 第7章の2・(1)，就学前の保育・教育施策の展開で明らかにしたように，戦後の就学前保育・教育施策は，大きく5段階で展開しています。このうち，第4段階が地域子育て支援への展開期でした。本章では，地域子育て支援への取り組み経過と，内容等について学習します。
《キーワード》 地域子育て支援拠点事業，子ども・子育て支援法，地域子育て支援の意義，地域子育て支援のターゲット

1. 就学前保育・教育施策のあゆみと地域子育て支援

(1) 地域子育て支援の始まり

地域子育て支援は，在宅子育て層に届く公的施策が少なかったこともあり，子育てサークルなどの母親自身の相互支援活動として芽生えました。札幌市の「子育て応援かざぐるま」，大阪府貝塚市の「貝塚子育てネットワーク」などは，現在でも，全国の子育て支援のモデルの一つとして活動を継続しています。

これらの活動は親自身あるいは親同士が地域社会に目を向ける契機となり「支援される側」から「支援する側」へとエンパワーされていくことにもつながっていきました。

公的施策としての萌芽は，保育所機能強化推進費（1987）が予算計上され，園庭開放などの取り組みが始まったことなどにみられます。その後，この一部が，地域子育て支援センター（1995）につながって

いきます。さらに，1997年の児童福祉法改正では，保育所に子育て支援の努力義務規定が設けられました。

地域子育て支援センターは，地域子育て支援実践の重要な拠点として位置づけられ，エンゼルプラン（1994），新エンゼルプラン（1999），子ども・子育て応援プラン（2004）においては，目標値を定めての推進が図られます。初期，その多くは保育所に併設されていましたが，量的拡充の期待のなかで，専門職の配置を前提としない，つどいの広場事業が開始され（2002），NPO法人など，市民主体型の運営主体による事業へと広がっていきます。

その後の経過も含め，地域子育て支援に関する公的施策の取り組みを整理したものが表8-1です。

表8-1　保育制度を中心とした地域子育て支援にかかわる事業の変遷

1987年	保育所機能強化推進費予算化
1989年	保育所地域活動事業創設
1993年	保育所地域活動事業を保育所地域子育てモデル事業に改編
1995年	保育所地域子育てモデル事業を地域子育て支援センター事業に改編
1997年	児童福祉法改正（保育所に子育て支援の努力義務を規定）
2002年	つどいの広場事業創設
2007年	地域子育て支援拠点事業に統合（地域子育て支援センター事業＝センター型，つどいの広場事業＝ひろば型，児童館拠点事業新設＝児童館型）学校教育法改正（幼稚園に子育て支援の努力義務を規定）
2008年	地域子育て支援拠点事業の児童福祉法法定化（社会福祉法では第2種社会福祉事業）
2012年	子ども・子育て支援法（利用者支援の法定化）
2013年	地域子育て支援拠点事業の再編（地域機能強化型，一般型，連携型）
2014年	地域子育て支援事業の再編（地域機能強化型の廃止）

（2）保育所・幼稚園・認定こども園と地域子育て支援

2007年には，さらに大きな変化がありました。すなわち，地域子育て支援センター事業とつどいの広場事業が，地域子育て支援拠点事業のなかに，センター型，ひろば型として組み込まれ，新たに制度化された児童館型とともに，その翌年には，社会福祉法の第2種社会福祉事業になりました。このことは，保育所による併設事業としての側面が強かった地域子育て支援センターが，少なくとも制度上は保育所と

表8-2　保育所・幼稚園・認定こども園における地域子育て支援規定

保育所 （法48条の3）	保育所は，(中略)，乳児，幼児等の保育に関する相談に応じ，及び助言を行うよう努めなければならない。
幼稚園 （法24条）	幼稚園においては，(中略)，幼児期の教育に関する各般の問題につき，保護者及び地域住民その他の関係者からの相談に応じ，必要な情報の提供及び助言を行うなど，家庭及び地域における幼児期の教育の支援に努めるものとする。
認定こども園 （法第2条6項）	「子育て支援事業」とは，地域の子どもの養育に関する各般の問題につき保護者からの相談に応じ必要な情報の提供及び助言を行う事業，保護者の疾病その他の理由により家庭において養育を受けることが一時的に困難となった地域の子どもに対する保育を行う事業，地域の子どもの養育に関する援助を受けることを希望する保護者と当該援助を行うことを希望する民間の団体若しくは個人との連絡及び調整を行う事業又は地域の子どもの養育に関する援助を行う民間の団体若しくは個人に対する必要な情報の提供及び助言を行う事業であって文部科学省令・厚生労働省令で定めるものをいう。
（法第3条2項3号）	子育て支援事業のうち，当該施設の所在する地域における教育及び保育に対する需要に照らし当該地域において実施することが必要と認められるものを，保護者の要請に応じ適切に提供し得る体制の下で行うこと。

対等な社会福祉事業となったということを意味しています。

加えて，同年には，学校教育法が改正され，新たに幼稚園の事業に，子育て支援が努力義務として位置づけられました。このこともあって，その後，学校法人による地域子育て支援拠点事業も広まりました。

また，認定こども園でも，地域子育て支援は義務づけられています。

児童福祉法，学校教育法，認定こども園法における，それぞれの施設の地域子育て支援に関する規定は，表8-2のようになっています。

(3) 子ども・子育て支援法と地域子育て支援

2012年に成立した子ども・子育て支援法では，地域子育て支援の強化がさらに図られることになりました。法第3条では，市町村の責務として，「確実に子ども・子育て支援給付を受け，及び地域子ども・子育て支援事業その他の子ども・子育て支援を円滑に利用するために必要な援助を行うとともに，関係機関との連絡調整その他の便宜の提供を行うこと」，「多様な施設又は事業者から，良質かつ適切な教育及び保育その他の子ども・子育て支援が総合的かつ効率的に提供されるよう，その提供体制を確保すること」という規定を設けています。さらに，第59条では，「身近な場所において，地域の子ども・子育て支援に関する各般の問題につき，子ども又は子どもの保護者からの相談に応じ，必要な情報の提供及び助言を行うとともに，関係機関との連絡調整その他の内閣府令で定める便宜の提供を総合的に行う事業」の実施を求めています。

このこともあって，2013年から，地域子育て支援拠点事業が，地域機能強化型，一般型，連携型の3類型に再編されましたが，2014年度にさらに再編され，図8-1のような機能体系になっています。

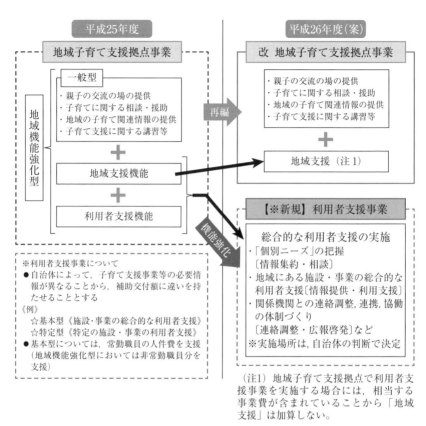

図 8-1　地域子育て支援拠点事業の地域機能強化型と利用者支援事業の整理について　　（資料：子ども・子育て会議基準検討部会資料より）

2. 地域子育て支援とは何か

（1）地域子育て支援施策が求められる理由

　ここ 20 年間の就学前保育・教育施策の課題の一つは，地域子育て支援です。地域子育て支援が求められている理由は，大きく 3 つ考えら

れます。

　第1は、養育をしている保護者から、支援の必要性を訴える声が聞こえてきたからです。一方、家族内の子育て機能が、量的にも質的にも弱まってきているという声もよく聞かれます。その背景には、①子育てを身近に見たり、経験したりする機会が減少したことによって、子どもが育つということの実感がなくなってきていること、②細かな保健知識や子育て情報が届けられることにより、主体的な判断ができにくくなっていること、③子育てをサポートする資源やサービスが増え、従来のやり方では対応が困難になっていること、④多様な生き方をすることが尊重される社会となり、子育て以外の生活が重視されるようになっていること、などがあると推察されます。

　第2は、家庭を支えていた地域の子育て力が低下してきたからです。地域は、子どもの「第二次社会化の場」といわれることがあります。地域は家族自体を育みつつ、子どもの社会化にかかわってきました。一方、土地という意味の地域はなくなったわけではありませんが、「地域社会の崩壊」あるいは「地域社会の再生」という言葉があるように、機能的意味・お付き合いという意味の地域・コミュニティの危うさが指摘されています。地域社会の機能の一つであった子育ての支え合いも当然弱まっているということであり、その再生に向けての取り組みが社会的におこなわれています。地域子育て支援には、その代替的機能も求められているのです。

　第3は、保育所にも幼稚園にも所属していない子どもの多さ、そして、そのことを社会が意識してこなかったということです。就学前の子どもたちのうち、保育所や幼稚園を利用しているものは6割に達していません（図8-2）。3歳未満の子どもたちでは、7割以上が自宅あるいは地域で、毎日の生活を送っています（図8-3）。「子育ては親（母親）

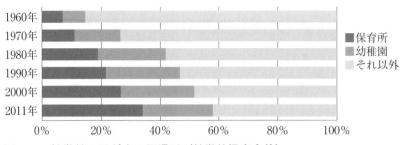

図8-2 就学前の子どもの居場所（就学前児童全体）
（資料：社会福祉施設等調査，学校基本調査をもとに作成）

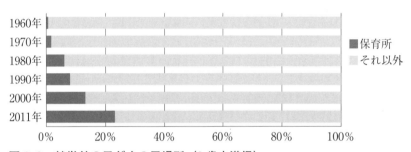

図8-3 就学前の子どもの居場所（3歳未満児）
（資料：社会福祉施設等調査，学校基本調査をもとに作成）

がするのが当然である」，「親が家にいるのだから，支援する必要はない」。このような考え方が，長く一般的に広まっており，在宅子育て家庭への支援という考え方は少なかったということです。したがって，地域子育て支援においては，とりわけ3歳未満（幼稚園就園前）の親子を意識した事業計画が必要です。加えて，子育ての準備期であると同時に具体的な不安の始まる時期でもある妊娠期の家庭（父，母）も重要なターゲットとなります。

（2）地域子育て支援の意義と目標

　少子化対策としての子育て支援施策ではなく，親子の育ちを支えるという意味での子育て支援施策の意義あるいは目的はどこにあるのでしょうか。これも，大きく3点あると考えられます。

　第1は，現に家族が抱えている問題に現実的に対処することで，問題の軽減や緩和を図ることができるということです。社会福祉の援助原理の一つは，「今，目の前にある問題」に現実的に対処することです。地域子育て支援においてもこのことが求められます。

　第2は，親子がひとり立ちしていく過程で出会う，さまざまな問題への対処能力を身につけていくことができるということです。子育て家庭への援助は永遠に継続できるわけではありません。あくまでも，親子がひとり立ちするための力を身につけていく過程にかかわるということです。

　第3は，家族と地域や社会資源を結びつけることによって，地域の一員としての家族を再認識させ，地域作りそのものに貢献できるということです。ソーシャルワークの援助技術の一つであるコミュニティワークの視点がここでは必要となります。

（3）地域子育て支援のターゲット

　地域子育て支援のターゲットは，図8-4に示す大きく以下の4つと考えられます。

　第1は，最も早くから意識されていたと考えられる子ども自身の成長・発達の支援，すなわち子育ちの支援です。子ども自身は本来自ら育つ存在ですし，年齢とともに主体的な意思を有する存在でもあります。児童の権利に関する条約は，子ども自身が権利の主体であることを明らかにしましたが，地域子育て支援には，これに共通するものが

あります。

　第2は，親になるため，あるいは一人の社会人としての生活の支援，すなわち親育ちの支援です。ここでは，親の就労など「保育に欠ける」と制度的に認定されているもののみならず，一時保育，育児リフレッシュなど，心身ともに親の生活を豊かにするサービス，あるいは経験を共有し合う仲間づくりなどが課題となります。ここでは，子育ての主体としての親（女性の場合，母），家族の構成員としての役割（同，妻），主体としての社会的存在（同，女）という3つの視点を視野に入れた関わりや取り組みが必要です。

　第3は，親子関係の支援，すなわち子育て・親育てです。親子の信頼および愛着関係の基礎形成が不安定ななかで，親としての成熟度はますます低下し，「親になりきれていない親」や「手助けが必要な親」が増えてきています。虐待や放任という例外的と考えられていた状況が，一般の親のすぐそばにまで忍び寄っているということであり，子育てをする親を「育てる」という視点が必要となります。これは，第2

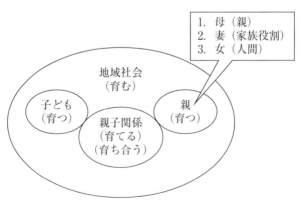

図8-4　地域子育て支援のターゲット

のターゲットとして示した，子育ての主体としての親のパートへの関わりということもできます。

第4は，これらの3つが存在する家庭および地域社会，すなわち育む環境の育成です。子どもの育ちにおいては，第一次社会化の場としての家庭，第二次社会化の場としての地域社会，第三次社会化の場としての専門資源（保育所，幼稚園，学校など），が重要であるといわれます。育む環境の育成とは，そのような社会化の場を形成・育成し，適切な関係を構築することを意味しています。

（4）地域子育て支援の技術と支援者の役割

図8-3に示したように，地域子育て支援は，3歳未満児の親子への支援が中心となります。これは，図8-4の枠組みに従うと，子どもに直接向かう活動以上に，「親力」の向上など，親を通じて子どもに向かう活動や，一人の人間としての親を支援する活動が多くなることを意味します。

地域子育て支援活動は，子どもの育ちへの支援あるいは寄り添いであることは間違いありません。しかしながら，地域子育て支援においては，それ以上に親としての育ち，あるいは親を一人の人間としてみなし，その生活や人生の全体を視野に入れつつ社会生活の基礎を作るという視点が必要です。

具体的な手法としては，すでに示しているように，親子関係の支援や地域づくりにおいては，狭義の保育・教育技術を越えた関わりが必要です。制度的にもこのように認識されているものと考えられます。地域子育て支援センターの担当者は，「保母（保育士）等」という形で始まりましたが，2005年の通知からはこれが削除され，地域子育て支援拠点事業となってもこの状態が踏襲されています。

すでに示したように、子ども・子育て支援法では、利用者支援や地域支援が法定化されました。新たな子ども・子育て支援制度の検討過程では、これが、子育て支援コーディネート等として議論されました。子育て支援コーディネートでは、大きく2つの内容が課題です。

　第1は、個別家庭の困りごとへの対応（利用者支援）です。これには、問題対応の動機付け（ワーカビリティ）、アセスメント、情報提供、サービス利用調整などが必要となります。より大きな困難を抱える場合、ノーボディ・パーフェクト[1]、コモンセンス・ペアレンティング[2]など、専門的な技法の普及も近年では進んでいます。ここでは、エンパワメント、コンピテンス、コーピング[3]、レジリエンス[4]など、問題対処能力あるいは社会生活能力の向上が結果的に意図されることになります。

　第2は、行政機関、制度化された資源、地域の民間資源などとのネットワークづくりです（地域支援）。必要な資源がなければ、既存の制度を工夫して活用したり、社会的に提案したりするということも含まれます（ソーシャル・アクション）。

表 8-3　地域子育て支援に関わる者に求められる役割

```
1. 直接事業実施者
   ・保育　・保護者指導　・個別問題解決　他
2. コミュニティワーカー
   ・地域問題解決　・保護者の仲間作りとネットワーク
   ・子ども支援資源のネットワーク　・地域全体のネットワーク　他
3. 間接事業実施者
   ・事業者探し　・ボランティア発掘　・環境整備
   ・事務管理　他
4. マネジャー
   ・事業企画　・事業進行管理　・事業評価　他
```

これらを踏まえて，地域子育て支援に関わる者に求められる役割を整理すると，表8-3のようになります。

3. 地域子育て支援施策の課題

　地域子育て支援は，今，新しい段階を迎えようとしています。したがって，事業整備や活動展開上の課題も多くあります。以下，代表的なものを2点だけあげておきます。

　第1は，市町村子ども・子育て支援事業計画[5]の策定に際して，どれだけの事業種類と事業量を計画できるかです。地域福祉資源の整備状況からして，地域子育て支援においては，引き続き，保育所の果たす役割が大きいとはいうものの，保育所のみでこれを担いきることは困難です。幼稚園も主要な資源ですが，地域的に偏在していること，3歳以上の親子に強みをもつ資源であり，地域子育て支援の主たる対象とは異なることなどにより，やはり限界があります。市町村保健センターなどの公的資源，児童委員・主任児童委員，社会福祉協議会などの制度化された市民資源，NPO法人・NPO活動，子育てサークルなどの市民主体の資源など，多様な主体がともに担うことが必要となります。

　第2は，地域基盤の子育て支援専門職の育成です。前項で示したように，親子関係の支援や地域づくりにおいては，コーディネート，ネットワーク，コミュニティワークなどの技術が必要です。保育士，幼稚園教諭，保健師などの専門職は，それぞれの専門技術に対する自信とこだわりがあるため，新しい技術の獲得には困難を伴う場合も少なくありません。また，市民活動の場合，経験主義や主観主義に陥りがちです。子育て支援ソーシャルワーカーのような，新しい専門職という意識での養成研修が必要でしょう。

》注・引用文献

(1) 「学びながら親になっていく」「すべての親に支援が必要」という視点を大切にした，親支援プログラム。
(2) 暴力や暴言を使わずに子どもを育てる技術を親に伝えることで，虐待の予防や回復を目指すもの。
(3) 問題や困難に対処する力。
(4) 困難な状況にもかかわらず，それに適応して生き延びる力。
(5) 子ども・子育て支援法に基づいて，市町村に策定が義務づけられている計画。2015年度を計画初年度とし，5年間を計画期間とする。

1. あなたの住んでいる市町村の子ども・子育て支援事業計画をみて，どのような地域子育て支援事業が計画されているか確認してみましょう。
2. 乳児期の親が不安に思うと考えられることを，出産前，出産直後，保育所・幼稚園に入る前，保育所・幼稚園利用中，小学校に入る前に分け，整理してみましょう。

参考文献

1. 貝塚子育てネットワーク編（2009）　うちの子・よその子・みんなの子，ミネルヴァ書房
2. 子育て支援者コンピテンシー研究会（2008）　育つ・つながる子育て支援：具体的な態度・技術を身につける32のリスト，チャイルド本社
3. 芝野松次郎・小野セレスタ摩耶・平田祐子（2013）　ソーシャルワークとしての子育て支援コーディネート，関西学院大学出版会
4. 山縣文治監修・中谷奈津子編（2013）　住民主体の地域子育て支援，明石書店

9 | 社会的養護と子ども家庭福祉

《**目標＆ポイント**》 社会的養護の施策を考えるためには，まずは社会的養護問題とは何かを理解する必要があります。社会的養護の問題は，子どもの生存権にもかかわる大切な問題であり，その施策の構築には，人権視点も重要になります。本章では，子どもの権利条約も含めながら，社会的養護のあり方を検討します。
《**キーワード**》 子どもの代替的養育に関する国連ガイドライン，里親委託優先の原則，家庭養護，施設養護，自立支援

1. 現代の社会的養護問題を理解する枠組み

　社会的養護の内容を考えるためには，まずは社会的養護問題とは何かを理解しておく必要があります。

　社会的養護問題は，図9-1に示すような構造で発生します。一般には，家族との関係でとらえられがちですが，社会制度との間で起こる問題も少なくありません。

(1) 家族関係のなかで生ずる問題

　家族関係のなかで生ずる問題とは，図9-1の①の部分，すなわち，子どもと家族との関係のなかで発生するものをいいます。これは，さらに子ども自身の問題，保護者の問題，親子関係を含む家族全体の問題などに分けることができます。

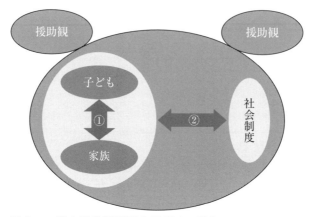

図 9-1　社会的養護問題を理解する枠組み

　子ども自身の問題とは，さまざまな障がいなどがある，問題行動を起こす，引きこもる，などをさします。ただし，これらは子ども自身の問題であるというよりも，親子関係の問題としてとらえることが適切な場合が多いと考えられます。

　保護者の問題とは，保護者が死亡する，子育て能力の低さ，子育てよりも他の生活を重視するような子育て観，心身の病気や拘禁などをさします。これらのなかには，保護者自身の育てられ方や生活経験の不足などからくるものもあります。

　家族全体の問題としては，経済的問題，家族のつながりが弱くまとまりがない，などが考えられます。親子関係の問題としては，子どもの事情をあまり理解せずに登校を強要すること等で，親子の信頼関係が壊れ，不登校になったり，家に寄りつかなくなったりする，などが考えられます。

　表9-1には，社会的養護の主たる施設について，入所理由を示しています。

表9-1 社会的養護関係施設における入所理由別児童構成割合

	里親委託	児童養護施設	情緒障害児短期治療施設	児童自立支援施設	乳児院
両親の死亡・行方不明	20.9	9.4	3.6	3.9	5.5
両親の離婚・未婚・不和	4.3	4.9	6.4	12.6	11.6
両親の拘禁・入院等	10.1	10.9	3.5	3.4	10.3
両親の就労・経済的理由	10.8	17.2	4.9	5.8	13.1
両親の精神疾患等	8.0	10.7	13.8	8.7	19.1
虐待・酷使・棄児等	36.7	33.1	47.9	45.8	27.2
児童の問題による監護困難	1.0	3.3	10.6	7.4	0.6
その他	6.0	8.5	8.3	9.6	10.7
不詳	2.2	2.0	0.9	2.8	1.8
総数	100.0 (3,611)	100.0 (31,593)	100.0 (1,104)	100.0 (1,995)	100.0 (3,299)

＊（　）は，利用児童総数
（出所：厚生労働省雇用均等・児童家庭局「児童養護施設入所児童等調査結果の概要（2008年2月1日現在）」2009年を修正）

（2）社会制度との関係のなかで生ずる問題

　社会制度との関係のなかで生ずる問題（図9-1②）は，社会的養護サービスの利用前・利用中・利用終了前後という支援段階に分けて考えることができます。

　利用前の問題としては，親子関係のなかで発生している問題への社

会的な対応資源の不足が典型的です。たとえば，問題の早期発見システムが十分に機能していないこと，相談機関の不足，在宅サービスの量的不足や周知度の低さは，社会的養護の問題をより深刻化させたり，結果として親子分離を促進してしまったりする，という結果に至ることもあります。

　利用中の問題としては，子どもの育つ権利が十分に保障された社会制度であるか，たとえば施設が生活の場として適切な環境になっているかどうかなど，社会制度そのもののあり方が最も大きいと考えられます。具体的には，子どもの生活空間，職員配置など，いわゆる「最低基準」と呼ばれるものがここでは課題となります。また，職員や子ども仲間による暴力等，施設内での虐待も重要な課題です。家庭養護型の社会的養護サービスが不足し，結果として大舎型の入所施設で生活せざるをえない状況も看過できません。

　利用終了前後でまず問題になるのは，支援を終了してもよい状況に子ども自身がなっているかどうか，家庭復帰の場合，保護者の受け入れ体制が整っているかどうかということです。制度上の退所年齢となり十分な体制・環境が整わないままの「強いられた自立」や，保護者の強引な引き取り要求や子ども自身の退所要求に屈した「未熟な自立」は，支援としては当然避けるべきものです。また，利用終了後の継続的支援体制の整備も重要です。

（3）援助観がもたらす問題

　援助観は，問題の見方や制度のあり方の根底に存在するものであり，援助者の実践もそれに左右されます。実践現場の意識は別として，1997年の児童福祉法改正まで，社会的養護関係施設の目的は，「養護」，「保護」，「教護」，「治療」などと表現されていました。すなわち，保護者に

代わって代替的なケアをおこなうことが中心であったということです。これが，法改正により，「自立」が目的に追加され，社会的養護の目的が，利用中の生活保障のみならず，退所に向けての意識的な支援が必要であるという認識がされたわけです。その後，「退所したものに対する相談（アフターケア）」も社会的養護の目的に加わり，ケアの連続性も意識されるようになりました。

　資源整備にもこの意識は影響していたものと考えられます。「保護」が優先する福祉観では，保護そのものが子どもにとって良いかどうかということまでは，十分検討されてきませんでした。結果として，さまざまな指摘がされていたにもかかわらず，家庭養護よりも施設養護中心の資源整備が維持されました。

　また，社会的養護に限ったことではありませんが，職員による体罰や虐待などに対しても，長い間それを防ぐ十分な体制が整備されていませんでした。これは，「集団生活のためには仕方ない」「しつけとしての体罰は許される」といった意識が社会や職員のなかにあったからだと考えられます。

2．社会的養護施策の動向と全体像

　近年，施設養護中心の保護的福祉観が大きく変わろうとしています。これについて，その契機となった国際動向と，それに基づく国内の動きを簡単に紹介しておきます。

（1）国際動向

　施設養護中心の保護的福祉観を大きく揺さぶることになったのは，児童の権利に関する条約（1989）と，それに基づく子どもの権利委員会からの指摘，さらには，「子どもの代替的養育に関する国連ガイドラ

イン」(2009) の採択です。児童の権利に関する条約第20条は，施設の利用の優先性を低く設定しています。これに基づき，子どもの権利委員会は，日本に対して，2回にわたって，施設中心のあり方の見直しを求めました。

国連ガイドラインでは，「施設の進歩的な廃止を視野に入れた，明確な目標及び目的を持つ全体的な脱施設化方針に照らした上で，代替策は発展すべきである」との見解を示しています。さらに別項では，3歳未満の子どもについては，施設の利用を避けるべきことを示しています。これに基づき，2010年，日本は表9-2に示すような3回目の勧告を受け，社会的養護改革を強く迫られることになりました。

（2）国内動向

国内では，子ども虐待の増加に合わせ，子ども家庭福祉相談体制の

表9-2 子どもの権利委員会による社会的養護に関する勧告

> 委員会は条約第18条に照らし，締約国に以下を勧告する；
> (a) 里親か小規模なグループ施設のような家族型環境において児童を養護すること
> (b) 里親制度を含め，代替的監護環境の質を定期的に監視し，全ての監護環境が適切な最低基準を満たしていることを確保する手段を講じること
> (c) 代替的監護環境下における児童虐待について責任ある者を捜査，訴追し，適当な場合には虐待の被害者が通報手続，カウンセリング，医療ケア及びその他の回復支援にアクセスできるよう確保すること
> (d) 全ての里親に財政的支援がされるよう確保すること
> (e) 2009年11月20日に採択された国連総会決議に含まれる児童の代替的監護に関する国連ガイドラインを考慮すること。

（出所：外務省（2010），子どもの権利委員会の最終見解（仮訳），http:// www.mofa.go.jp/mofaj/gaiko/jido/pdfs/1006_kj03_kenkai.pdf）

拡充，早期発見・早期対応のための制度改正，発生予防のための子育て支援事業の拡充など，いわば入り口段階での制度改正，事業拡充がおこなわれていました。

これに対して，国連の指摘は，それのみならず，社会的養護下での生活に入った後の体制の変革をも求めるものでした。国では，これを受け，児童養護施設等の社会的養護の課題に関する検討委員会を中心に，「社会的養護の課題と将来像」(2011) をとりまとめました。

ここでは，社会的養護の基本的方向として，①家庭的養護の推進，②専門的ケアの充実，③自立支援，④家族支援・地域支援の充実を示し，10数年をかけて，おおむね3分の1を里親およびファミリーホーム，おおむね3分の1をグループホーム，おおむね3分の1を本体施設（児童養護施設はすべて小規模グループケア）にする，という目標を設定しました。ちなみに，現在は，家庭養護と施設養護の関係が約1対9であり，かなり，大幅な変更となります。さらに，里親委託ガイドライン (2011) では，里親委託優先の原則を明記しています（表9-3）。

また，社会的養護関連施設には，種別ごとの「運営指針」，里親およ

表9-3 里親委託優先の原則（一部抜粋）

> 　家族は，社会の基本的集団であり，家族を基本とした家庭は子どもの成長，福祉及び保護にとって自然な環境である。このため，保護者による養育が不十分又は養育を受けることが望めない社会的養護のすべての子どもの代替的養護は，家庭（的）養護が望ましく，里親委託を優先して検討することを原則とするべきである。特に，乳幼児は安定した家族の関係の中で，愛着関係の基礎を作る時期であり，子どもが安心できる，温かく安定した家庭で養育されることが大切である。　　　　　　　　　　　　　　　　　　（　）は筆者による。

（出所：厚生労働省「里親委託ガイドライン」2011年より）

びファミリーホームについては「養育指針」を明らかにし，ケアの標準を示すことになりました。これに基づいて第三者評価の義務化など，公的施策としてのアカウンタビリティを果たす取り組みもおこなわれています。

(3) 社会的養護の概念の変更と施策の全体像

　国際動向およびそれに対応した国内動向を踏まえ，家庭養護（family-based care）と家庭的養護（family-like care）という概念についても，見直されました。新しい概念整理は，図9-2の通りです。従来は，里親を民法上の親子関係がないという意味で，「家庭的養護」と表現することが一般的でした。しかしながら，養育が里親家庭でおこなわれるという意味で，家庭養護とされたものです。これらの概念は，「子どもの代替的養育に関する国連ガイドライン」に示される内容を援用したものです。

　このような概念整理を念頭に，社会的養護の全体像を整理すると，図9-3のようになります。なお，図9-3では，関連の深い制度として，民法による養子縁組も掲載してあります。このうち，家庭養護と施設養護の施設数等とそこで生活している子どもの数を示したのが表9-4

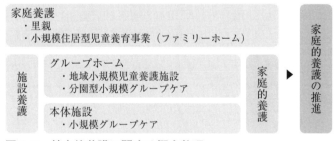

図9-2　社会的養護に関する概念整理

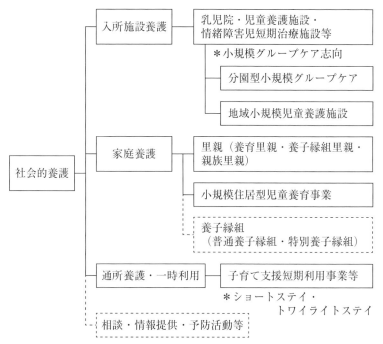

(実線は明確な体系，破線は下位概念としての見解がわかれるもの)
図9-3　社会的養護の全体像（筆者作成）

です。

3. 社会的養護の基本理念と原理

　社会的養護児童への支援においては，援助観が重要であることはすでに示した通りです。社会的養護においては，このような援助観あるいは共通の基本原理を，それぞれの施設の運営指針で示しています。

表9-4 社会的養護の状況

	乳児院	児童養護施設	情短施設	児童自立支援施設	自立援助ホーム	母子生活支援施設	小規模住居型児童養育事業	里親
施設数	129	585	37	58	82	262	145	2,971
子ども数	2,843	28,533	1,140	1,331	340	6,250	686	4,244

小規模グループケア	650		地域小規模児童養護施設	221

(資料：里親数は『福祉行政報告例』(2011年3月末))
子ども数（母子生活支援施設を除く）は，厚労省家庭福祉課調べ（2012年3月末）
母子生活支援施設の子ども数は，厚労省家庭福祉課調べ（2012年3月1日）
施設数・ホーム数等は，厚労省家庭福祉課調べ（2011年10月1日）

（1）社会的養護の基本理念

　運営指針では，社会的養護の基本理念として，①子どもの最善の利益のために，②すべての子どもを社会全体で育む，の2つを掲げています。これが，広い意味での，わが国の社会的養護の援助観になります。

　子どもの最善の利益とは，子どもの権利擁護を図ることを目的として，「すべて児童は，ひとしくその生活を保障され，愛護されなければならない」(児童福祉法第1条第2項)，「児童は，人として尊ばれる。児童は，社会の一員として重んぜられる。児童は，よい環境のなかで育てられる」(児童憲章前文)，「児童に関するすべての措置をとるに当たっては，公的若しくは私的な社会福祉施設，裁判所，行政当局又は立法機関のいずれによっておこなわれるものであっても，児童の最善の利益が主として考慮されるものとする」(児童の権利に関する条約第3条第1項) などの規定を実現することです。

すべての子どもを社会全体で育むとは，保護者の適切な養育を受けられない子どもを，公的責任で社会的に保護・養育するとともに，養育に困難を抱える家庭への支援をおこなうことをいいます。児童福祉法では，「すべて国民は，児童が心身ともに健やかに生まれ，且つ，育成されるよう努めなければならない」(第1条第1項)，「国及び地方公共団体は，児童の保護者とともに，児童を心身ともに健やかに育成する責任を負う」(第2条)と，社会的養護児童に限らず，国民や国等がすべての子どもの福祉に関して，責任があることを示しています。

(2) 社会的養護の原理

　施設種別ごとの運営指針では，社会的養護の原理として，①家庭的養護と個別化，②発達の保障と自立支援，③回復を目指した支援，④家族との連携・協働，⑤継続的支援と連携アプローチ，⑥ライフサイクルを見通した支援，の6つを掲げています。社会的養護の実践においては，この6つの原理を意識した取り組みが必要です。

①家庭的養護と個別化

　子どもは，安心と安全を実感できる場で，できるだけ安定した大人との関係のもとで育つことが必要です。社会的養護サービスを利用する子どもには，安心と安全を実感できる場での生活経験が少ないものが多く存在します。このような状況を受け止め，一人ひとりに合った援助（個別化）を実現するには，家庭的養護体制が必要です。それをより実現する可能性があるのが，家庭養護です。

②発達の保障と自立支援

　子どもは，育てられる存在であると同時に，自ら育つ力をもつ存在でもあります。育ちとは，発達という言葉でいい換えることも可能です。「育ち，育てられる関係」を通じて，子どもは成長発達し，自立し

ていきます。子どもたちの育ちの目標は，自立にあります。社会的養護サービスを利用する子どもたちにおいてもこれは同様です。すなわち，社会的養護の目標は，発達の保障と自立であるということができます。

③回復を目指した支援

社会的養護を必要とする子どものなかには，虐待体験や分離体験などにより，心身にさまざまな傷を負っているものも少なくありません。このような経験は，自己肯定感を低くさせ，時には，生きていることの意味を否定させたり，自暴自棄になったりすることもあります。社会的養護サービスのもとで生活している子どもたちの支援では，自己肯定感を取り戻し，「生きていていいんだ」，「自分のせいで，家族の問題が発生しているのではない」など，前向きに生きていく力を回復をするための取り組みが必要になります。

④家族との連携・協働

社会的養護の目標は，家族との関係の再構築にあります。支援の実践においては，保護者の生きる力の回復や支援をしつつ，親子関係を再構築していくための取り組みが必要となります。なお，親子関係の再構築とは，一緒に住むことだけをさすのではありません。親子の心理的関係を維持しながら別々に暮らすことも再構築のひとつです。

⑤継続的支援と連携アプローチ

社会的養護の支援はどこまで必要かということに対する結論を出すのはなかなか困難です。支援においては，そのはじまりからアフターケアまでの「継続性」と，できる限り特定の養育者による養育の「一貫性」が望まれます。また，そのプロセスでは，特定の養育者あるいは少数の養育者グループを核にした，他機関，他資源との連携による取り組みが求められます。

⑥ライフサイクルを見通した支援

　子どもはやがて成人し，社会生活を営む必要があります。たとえば，就労の安定，家族の形成，子育てする親としての養育能力などは，社会的養護のもとで育つ子どもには，一般の家庭で育つ子どもよりも，より重要となります。子どもという視点のみならず，成人あるいは親としての生活を意識した見守り体制を社会的養護システムとどのように連携し，継続させていくかという視点が求められるということです。

4. 社会的養護施策の課題

　社会的養護施策は，もっとも歴史のある施策ですが，常に変化するニーズのなかで，いまだ多くの課題を抱えています。今後，引き続き検討していかなければならない課題として，代表的なものを3点指摘しておきます。

　第1は，在宅福祉サービスの強化です。社会的養護に関する在宅福祉サービスの整備は遅れているといわざるをえません。子育て短期支援事業などの直接的なサービスはむろんのこと，発生予防からはじまり，相談体制，早期対応体制，さらには継続的な支援体制など，最も基本的部分での整備がより急がれる状況にあります。市町村子ども・子育て支援事業計画で，これをどこまで計画できるかは大きな課題です。

　第2は，専門的なケアの確立です。社会的養護の専門性には，生活を総合的に援助することと，子どもやその家族が抱えている個別的な問題への専門分化的な援助との2つがあります。近年，虐待を受けて入所してくる子どもに典型的にみられるように，治療的な視点をもった心のケアや，「育ち直し」の必要な子どもが増えています。このような子どもたちへのケアや，復帰先としての家庭の機能再生に向けての

ケアが可能なシステムの整備，職員配置，職員の資質向上が必要です。

第3は，国内動向で示した社会的養護システムの再編成の実現です。これはきわめて大きな課題であり，都道府県子ども・子育て支援事業支援計画においても，十分検討する必要があります。また，発見・相談から，自立・家庭復帰までのケア全体を一つのシステムとしてとらえるためには，市町村子ども・子育て支援事業計画と都道府県子ども・子育て支援事業支援計画の調整も重要です。

1．家庭養護が重視される理由を，施設養護との比較を踏まえて検討してみましょう。
2．普通養子縁組と特別養子縁組の違いを子どもの視点から考えてみましょう。

参考文献

1．子どもの村福岡編（2011） 国連子どもの代替養育に関するガイドライン，福村出版
2．伊東波津美（2009） 70人の子どもの母になって，法藏館
3．家庭養護促進協会（2003） 大人になった養子たちからのメッセージ，家庭養護促進協会
4．武藤素明編（2012） 施設・里親から巣立った子どもたちの自立，福村出版
5．『施設で育った子どもたちの語り』編集委員会編（2010） 施設で育った子どもたちの語り，明石書店

10 | 子ども虐待と子ども家庭福祉

《**目標＆ポイント**》 子ども虐待は，社会的養護問題の一つですが，近年，死亡事例など，問題が深刻化しているため，社会的に大きな関心を集めています。そのため，本書でも，独立してこの問題を取り上げています。子ども虐待は，子どもの人権を侵害するものであり，保護者の状況を理解しつつも，あくまでも，子どもの視点でこれに取り組む必要があります。
《**キーワード**》 児童虐待の防止等に関する法律，被措置児童等虐待，児童福祉法第28条立入調査

1. 子ども虐待とは何か

　子ども虐待に関しては，児童福祉法により，虐待を含む子ども家庭福祉問題への一般的な対応を，さらに，児童虐待の防止等に関する法律（以下，児童虐待防止法）で，子ども虐待に特化した対応を規定しています。この他，民法，刑法，家事審判法なども，子ども虐待に対する対応を理解するうえでは重要です。児童の権利に関する条約（第19条）においても，子ども虐待に関する規定を設けています。
　子ども虐待は，子どもに対する重篤な人権侵害であり，児童虐待防止法では，「何人も，児童に対し，虐待をしてはならない」（第3条）と，すべての人に対して，子ども虐待をしてはならないことを規定しています。ここでいう虐待は，次項で示す，第2条に規定する子ども虐待よりは広く解釈されており，子どもの福祉を害する行為や不作為を含

むものとされています。すなわち、児童福祉法第34条に掲げる禁止行為、児童買春、児童ポルノに係る行為等の処罰及び児童の保護等に関する法律（通称、児童ポルノ禁止法）に掲げる禁止事項、刑法に規定する暴行罪、傷害罪、保護責任者遺棄罪、強制わいせつ罪等は、これに含まれます。また、民法に規定される親権の効力である、監護教育の権利義務や懲戒権を凌駕するものです。

(1) 子ども虐待の定義

子ども虐待に関しては、児童虐待防止法第2条で、3つの内容を定義しています。

第1は、虐待者です。虐待者は、「親権をおこなう者、未成年後見人その他の者で、児童を現に監護する者」とされています。これには、児童福祉施設の施設長も含まれます。ただし、施設の職員については、第3条の規定には該当するものの、第2条の保護者には該当しないため、別途、被措置児童等虐待という制度で対応が図られています。また、この定義には、子どものきょうだいや、親族を含む保護者に該当しない同居人による行為は含まれていません。学校でのいじめや教員による体罰[1]も、この定義には含まれていません。

第2は、被虐待者です。被虐待者は、児童福祉法と同様で、18歳未満の者とされており、未成年者のうち、18歳以上20歳未満の者は含まれないことになります。

第3は、虐待の内容です。法律では、身体的虐待、性的虐待、子育て放棄（ネグレクト）、心理・精神的虐待の4つを示しています。高齢者や障がい者の虐待の場合、これに経済的虐待（搾取）が含まれていますが、子ども虐待の場合、これは含まれません。また、実践場面では、代理（による）ミュンヒハウゼン症候群（Munchhausen Syndrome by proxy)⁽²⁾と呼ばれる，非常に発見しづらい虐待の存在も指摘されています。なお，子どもを意図的に病気にさせていることが明らかになった場合には，身体的虐待と判断されます⁽³⁾。

（2）子ども虐待の発生要因

子ども虐待は，複数の要因が重なり合って生じるものであり，単一の要因で起こることはまれです。比較的共通しているものとしては，次のようなものがあげられます。当然のことながら，これらの要因があれば必ず子どもが虐待されるというものではなく，適切な支援や環境があれば，むしろ虐待は起こらないものであり，予防的な対応が可能であることを理解しておく必要があります。

①保護者要因

保護者側の要因としては，妊娠を受け入れられない状況での出産，子どもへの愛着や基本的知識の不足など，子育て能力の未熟さ，発達障がい，精神障がい，薬物依存など，保護者の心身の不調，攻撃的な性格や衝動的な性格など保護者の性格特性などがあげられます。また，保護者自身に被虐待経験があったり，適切な養育を受けてこなかったりなど，成育要因なども指摘されています。

②子ども要因

子ども側の要因としては，未熟児，障がい児，発達障がい児，非行や学習障がい，反抗的態度などが指摘されています。

③養育環境要因

養育環境要因としては，不安定な家庭環境や家族関係，社会的孤立や経済的な不安，妊婦健診や乳幼児健診未受診など保健面への無関心，再婚家庭での人間関係などが指摘されています。

(3) 被措置児童等虐待

　児童虐待防止法の子ども虐待には，施設職員等による入所児に対する虐待を含めていないことはすでに示した通りですが，これについては，児童福祉法で，被措置児童等虐待という用語で定義するとともに，これへの対応を示しています。

　被措置児童等虐待とは，施設職員等が被措置児童等に対して行う，身体的虐待，性的虐待，ネグレクト，心理・精神的虐待をいいます。子ども間の暴力はこれには該当しませんが，それに対して適切な対応をしていない場合には，ネグレクトとみなされます。施設職員等とは，小規模住居型児童養育事業従事者，里親・その同居人，児童養護施設等社会的養護関係施設職員，障がい児福祉施設等職員，指定医療機関の管理者その他の従業者，一時保護従事者をいいます。

　被措置児童等虐待を受けたと思われる子どもを発見した者については，児童福祉法に基づき通告義務が課せられています。また，子ども自身にも，児童相談所，都道府県，児童福祉審議会に届け出ることができるという規定が設けられています。

2．子ども虐待相談の仕組みと相談の動向

(1) 児童福祉法に基づく子ども虐待相談の仕組み

　子ども虐待に関する相談は，公的機関，児童福祉法等に基づく民間機関，民間の主体的活動など，多様な形で取り組まれています。

　児童福祉法第25条では，子どもの虐待等，要保護児童を発見した者は，市町村，都道府県の設置する福祉事務所，児童相談所に通告することを義務づけています（児童委員を介して通告することも可能）。このうち，市町村が第一義的相談窓口として位置づけられています。さらに，児童虐待防止法では，子どもにかかわる仕事や活動をしている

者に，早期発見の努力義務を課しています。

児童相談所での相談は，児童相談所運営指針に基づいて行われますが，子ども虐待相談については，別途，子ども虐待対応の手引きにより，より詳細な対応方法を示しています。

市町村についても同様に，市町村児童家庭相談援助指針が示されています。市町村には，さらに，要保護児童やその保護者に関する情報交換および要保護児童に対する支援の内容に関する協議などをするため，児童福祉法第25条の2に基づき，要保護児童対策地域協議会設置の努力を求めています。2011年4月現在で，99.5％の市町村に設置されています。設置は，複数の市町村による合議体や，都道府県でもおこなうことができます。協議会の対象には，虐待を受けている子ども，非行児童，障がい児，支援の必要な妊婦，などが含まれます。

（2）子ども虐待相談の動向

2011年度に全国の児童相談所が処理した子ども虐待相談件数は，59,919件です[4]。相談件数は，児童虐待防止法施行前の1999年度に比べて約3倍に増加しており，一貫して増加傾向にあります。マスコミ等では，児童相談所の相談件数が話題となりますが，図10-1に明らかなように，それ以上に市町村で対応されている件数が多くなっています。ただし，これらは重複が調整されておらず，行政が把握している子ども虐待相談件数の総数は不明です。

相談件数の大幅な増加要因としては，社会を揺るがすような痛ましい子ども虐待に関する事件の発生などによる，国民や関係機関の子ども虐待についての認識や理解の高まりに加え，通告対象範囲拡大（「虐待を受けた子ども」から「虐待を受けたと思われる子ども」に），子ども家庭福祉相談の第一義的窓口の基礎自治体化（都道府県から市町村

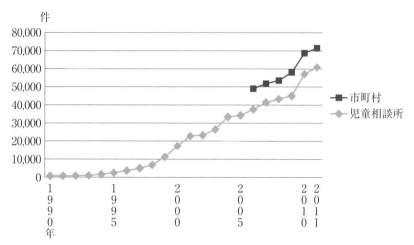

図10-1　児童相談所および市町村における子ども虐待相談処理件数の動向
(資料：厚生労働省『福祉行政報告例』各年版)

に）などの制度改正が影響していると考えられます。したがって，実際に発生件数が増加しているのか，潜在化していたものが発見機能の強化によって顕在化したにすぎないのか，定義の変更によるものなのか，それぞれがどの程度，相談件数の増加に寄与しているのかは定かでありません。

（3）児童相談所における子ども虐待相談の相談経路

　相談経路においても，社会的な認識の変化が一部にみられます。かつては最も多かった家族の割合は少しずつ減少し，近隣・知人，警察等が，10年間で，それぞれ10ポイント程度上昇しています（図10-2）。

　かつては，家族に情報提供をおこなうのみで，児童相談所への来所は当事者の意思に委ねられている場合が多く，相談経路は家族が最も多くなっていました。近隣・知人を経路とするのは，明らかに意識の変

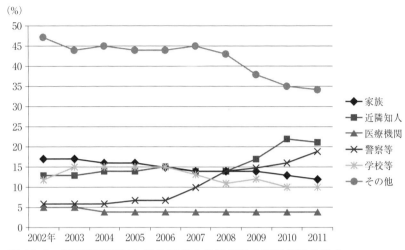

図10-2 児童相談所における子ども虐待相談の相談経路の動向

(資料：図10-1に同じ)

化の表れと考えられます。多くの場合，家族にわからないかたちで相談が持ち込まれ，児童相談所から家庭に対する働きかけがおこなわれています。警察等は，意識の変化のみならず，公的機関として，子ども虐待への関与を制度上積極的に位置づけたことによるものと考えられます。社会的に大きな関心を集めた虐待死事件などの影響も否定できません。

一方，制度的には警察と同様に位置づけられている，医療機関，学校等については，ほとんど変化がありません。これらは，日常生活に密着した機関であり市町村を通じての相談ということも考えられますが，「その他」に含まれる市町村からの相談はむしろ減少しており，意識改革の求められるところです。

3. 子ども虐待への対応

(1) 児童福祉法・児童虐待防止法における対応

　子ども虐待への対応については，児童福祉法を基本としつつも，児童虐待防止法および関連の通知等において，より詳細に規定されています。

　通告を受けた市町村，児童相談所は速やか（原則として48時間以内）に目視による安全確認や調査をおこないます。立入調査や一時保護，判定等専門的な対応が必要と考えられる場合，市町村は児童相談所に送致し，児童相談所が対応することになります。

　児童相談所は，社会的養護児童と同様に，必要に応じて，保護者に対する援助・指導や，児童福祉施設や里親への措置，小規模住居型児童養育事業（ファミリーホーム）への委託をおこないます。

　調査や援助に関する親権者の同意が得にくい場合等においては，立入調査や都道府県児童福祉審議会の意見聴取（児童福祉法第33条），家庭裁判所への施設等利用承認の家事審判請求（児童福祉法第28条），親権者に対する親権喪失宣告の請求（児童福祉法第33条の7，民法第834条）などをおこなうこともあります。

　2008年度からは，①子ども虐待が疑われる場合の子どもの安全確認をめぐる保護者に対する出頭要求，②立入調査，再出頭要求が拒否された場合に，子どもの保護を目的として，裁判所の許可状に基づき家庭に対する臨検・捜索をおこなう仕組みの制度化，③被虐待児童に対する保護者の面会・通信の制限の強化，④つきまといの禁止措置，なども実施されています。さらに，2012年度には，親権の一時停止制度も創設されました。施設入所後の親権者からの不当な要求に対応する施設長の権限の強化や未成年後見制度改正も施行され，子ども虐待へ

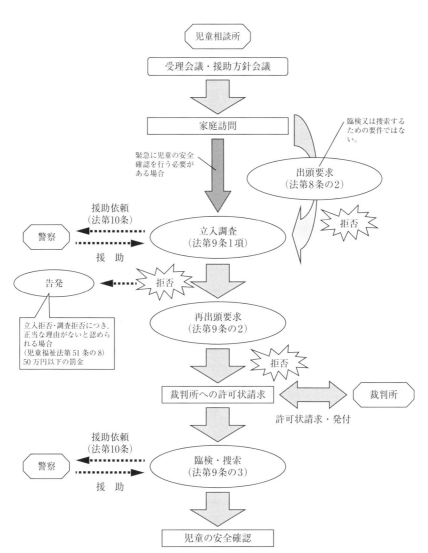

図10-3　児童虐待防止法に基づく，出頭要求から臨検・捜索の基本フロー
（資料：子ども虐待対応の手引きの図式化）

の対応は強化されています。図10-3では，これらの基本的な流れを示しています。

（2）子ども虐待支援の視点と取り組み

子ども虐待に関する取り組みは，第一次予防としての発生予防対策，第二次予防としての早期発見・早期対応と，それを受けての深刻化の予防，第三次予防としての再発予防の大きく3つの枠組みで実践されています。当然のことながら，それぞれは独立したものではなく，相互に深く関連しています。

発生予防に対する取り組みは，制度的には啓発活動や子育てコンピテンスの向上を目指した親支援講座などがあります。発生予防と早期発見・早期対応の双方が期待される社会制度のなかで，比較的普及しているものとしては，第8章で紹介した地域子育て支援拠点事業があります。ただし，この事業は子ども虐待の発生予防としての期待は高いのですが，子育て支援全般にかかわるものであり，虐待予防に特化してその成果を明確にすることは困難です。発生予防全般に通ずることですが，対照群を倫理的に設けることができないため，有効性の評価方法が確立しておらず，必ずしも十分な成果を発揮しているとはいえない状況にあります。

発生予防以上に，制度・政策上の変化や実践の成果が着実に蓄積されているのが，深刻化の予防に関する領域です。深刻化の予防は，①早期発見・早期対応，②親子関係の再構築を含む適切な対応策の開発，③開発された対応策の実践と質的向上，などの段階に分けることができます。

早期発見・早期対応には，①虐待の可能性のある親自身の気づきと，相談などの社会制度の利用意識の高揚，②相談しやすい社会制度ある

いは市民制度づくり，③支援者および支援資源個々の発見力や早期対応力の向上，④社会的支援資源のネットワーク化などの領域，などがあります。具体的には，①相談窓口の市町村化と機能強化，②こんにちは赤ちゃん事業，地域子育て支援拠点事業，子育て支援短期利用事業など，市町村を主体とする在宅福祉サービスの充実，③保育所等を活用した相談や交流の場の提供，④市町村保健センターなどによる乳幼児健診の体制整備，⑤児童委員・主任児童委員などの既存の子ども家庭福祉制度の拡充，⑥NPO活動などの新たな市民資源の積極的活用，⑦要保護児童対策地域協議会の設置と充実，などの取り組みがみられます。

　深刻化の予防の第2段階は，要保護児童等への対応です。ここでは，国内外で開発された，NP（Nobody's Perfect），SoSA（Signs of Safety Approach），CSP（Common Sense Parenting），Second Step Program，MY TREEペアレンツ・プログラムなどの支援手法による，親や子ども自身の対処能力の向上を意図した在宅福祉サービスへの取り組みが著しく進んでいます。一方，親子分離が必要な場合の取り組みには，①分離の判断のためのアセスメントツールの開発，②臨検，立入調査，親権の制限等，児童福祉法第28条を中心とした制度整備，③子どもの生活の場となる社会的養護サービスの改善，などがみられます。

　再発予防に関する取り組みもまた，必要性が主張されているにもかかわらず，研究も実践も，必ずしも充実していない領域です。とりわけ，日常的な社会的養護サービスから解除されたものに対する取り組みがきわめて重要ですが，個人情報保護制度や申請主義のサービス提供システムが，その障害の一部となっています。

4．子ども虐待支援の課題

　子ども虐待の支援においては，当然のことながら，発生させないことが最大の課題ですが，現実にはこれは不可能に近いといわざるをえません。そうすると，早期発見，早期対応による深刻化の予防が最も現実的な取り組みといえるでしょう。

　虐待の危険から子どもを救済することは重要ですが，それは，虐待者との分離に目的があるのではありません。あくまでも親子が，できるだけ一緒に生活することができるようにすること，それが困難な場合であっても，親子の心理的関係をできるだけ保ちながら生活できるようになることを目標にして支援する必要があります。

　虐待を受けた子どもの多くが心に深い傷を負うことになります。その結果，自己肯定感を喪失したり，自暴自棄になったりすることも少なくありません。このような子どもの心の傷を癒やすためには，時間をかけた心理的なケアが重要です。

　虐待をする親自身も，自分自身の子ども時代の経験から，暴力的な子育てや子どもの心を傷つけるような方法でしか対応できない状況になっている場合や，家族や社会からの孤立や焦りのなかで，虐待を起こしてしまう場合もあります。また，親の知的あるいは精神的な障がいにより，このような行動にでる場合もあります。親子の関係を再構築するには，親への適切な支援も必要です。

》注・引用文献

(1) 児童虐待防止法の規定は，保護者との関係のみを対象としており，学校や，退所後子どもが働いている職場等での行為までは含まれない。学校における体罰の禁止については，学校教育法第11条で，体罰と懲戒，正当防衛と正当行為との峻別等については，「体罰の禁止及び児童生徒理解に基づく指導の徹底について」(24文科初第1269号通知，2013年3月) において，具体的に示されている。

(2) 周囲の関心を自分に引き寄せるために，虐待者自身がケガや病気を捏造する症例。自分自身に行う場合ミュンヒハウゼン症候群，身近なものを代理 (proxy) として行う場合に，代理ミュンヒハウゼン症候群という。

(3) 雇児総発0823第1号厚生労働省雇用均等・児童家庭局総務課長通知 (2013)，子ども虐待対応の手引き，http://www.mhlw.go.jp/seisakunitsuite/bunya/kodomo/kodomo_kosodate/dv/dl/130823-01c.pdf (2014.1.5閲覧)。

(4) 2012年度の速報値では，66,807件であり，さらに急増している。

1. 子ども虐待と高齢者・障がい者虐待の定義の違いを調べてみましょう。
2. 子ども虐待に関する新聞記事を集め，具体的内容を検討してみましょう。

参考文献

1. 長谷川博一 (2011) 子どもを虐待する私を誰か止めて！，光文社
2. 児童虐待問題研究会 (2012) Q&A児童虐待防止ハンドブック (改訂版)，ぎょうせい
3. 日本弁護士連合会子どもの権利委員会 (2012) 子どもの虐待防止・法的実務マニュアル (第5版)，明石書店
4. 西澤哲 (2011) 子ども虐待，講談社現代新書
5. 杉山春 (2013) ルポ虐待：大阪二児置き去り死事件，ちくま新書

11 | ひとり親家庭と子ども家庭福祉

《目標&ポイント》 ひとり親家庭は，徐々に増加しています。ひとり親として子どもを育てるには，自らの努力も当然必要ですが，社会的な支援も必要です。ひとり親家庭の生活基盤は必ずしも十分ではありません。本章では，ひとり親家庭の現状を知るとともに，どのような支援策が講じられているかについて学習します。
《キーワード》 自立促進計画，児童扶養手当，母子・父子自立支援員

1. ひとり親家庭の定義

 ひとり親家庭とは，母子家庭および父子家庭の総称です[1]。

 法律や制度によって，その定義は異なります。ひとり親家庭の福祉に関する代表的な法律である，母子及び父子並びに寡婦福祉法[2]および児童扶養手当法における母子家庭の定義では，子どもの年齢も異なりますし，内容も少し異なります（表11-1）。

 父子家庭については，2014年，母子及び寡婦福祉法を改正して母子及び父子並びに寡婦福祉法が，成立したものです。この法律は，これまでも，一部施策においては父子家庭を含むものでしたが，法律名にはこれが反映していませんでした。法律名を変更し，必要な修正を加えることで，ひとり親家庭および寡婦家庭を含む総合的な法律に生まれ変わりました。

 児童扶養手当法は，かつては離別母子家庭を主たる対象にした法律で，父子家庭は対象としていませんでした。2010年の改正により，対

象が「父又は母と生計を同じくしていない児童が育成される家庭」となり，父子家庭も対象となりました。表11-1の児童扶養手当法の定義の「母」の部分を「父」に，「父」の部分を「母」に読み替えると，父子家庭の定義となります。

法律ではありませんが，国勢調査においては，2005年調査までは，「未婚，死別または離別の女（男）親と，その未婚の20歳未満の子どものみからなる世帯」となっており，20歳以上の子どもがいる場合には，ひとり親世帯に含めていませんでした。2010年調査からは，20歳以上の未婚の子も含まれています。ひとり親世帯の生活実態等を時系

表11-1　代表的法律における母子家庭の定義（要約）

母子及び父子並びに寡婦福祉法	児童扶養手当法
以下の，1～7のいずれかに該当する児童（20歳未満の者）を監護する母の形成する家庭	以下の，1～5のいずれかに該当する児童（18歳に達する日以後の最初の3月31日までの間にある者，または20歳未満で政令で定める程度の障害の状態にある者）を監護する母の形成する家庭
1. 配偶者（事実上婚姻関係と同様の事情にある者を含む）と死別した女子で，現に婚姻（事実上婚姻関係と同様の事情にある場合を含む）をしていない者 2. 離婚した女子で，現に婚姻をしていない者 3. 配偶者の生死が明らかでない女子 4. 配偶者から遺棄されている女子 5. 配偶者が海外にあるためその扶養を受けることができない女子 6. 配偶者が精神又は身体の障害により長期にわたって労働能力を失っている女子 7. 前各号（2～6）に掲げる者に準ずる女子であって政令で定めるもの	1. 母が婚姻を解消した児童 2. 父が死亡した児童 3. 父が政令で定める程度の障害の状態にある児童 4. 父の生死が明らかでない児童 5. その他（1～4）に準ずる状態にある児童で政令で定めるもの

列で把握するものとしてよく用いられる「全国母子世帯等実態調査」は，この国勢調査の定義を基にしています。

母子及び父子並びに寡婦福祉法では，寡婦家庭についても定義されています。寡婦とは，「かつて配偶者のない女子として児童（20歳未満の者）を扶養していたことのあるもので，現に配偶者のないもの」とされています。すなわち，かつて母子家庭であったもので，子どもが20歳を超えたり，死亡したりするなどによって，母子家庭でなくなったものを事実上意味しています。これは，税制等にでてくる寡婦（母子家庭であった必要がない）とは異なります。

2．ひとり親家庭の現状

全国母子世帯等実態調査（厚生労働省，2011）によると，全国に約146.1万（母子家庭123.8万，父子家庭22.3万）のひとり親家庭が存在すると推計されています。この調査は，ほぼ5年間隔で定期的におこなわれているものですが，定義の変更が途中であったとはいうものの，ひとり親家庭は，着実に増加していることがわかります（表11-2）。

母子家庭になった理由は，かつては死別が多くを占めていましたが，1978年度調査で離別と並び，現在では9割以上が離別を理由とするものとなっています。さらに離別を理由とするもののうちの9割弱（全体の8割）は離婚を理由とするもので，残るほとんどは未婚の母です。

父子家庭もほぼ同様の傾向ですが，離別を理由とするものが母子家庭に比べて少なくなっています。これの違いは，再婚率の高さや，子どもの養育者を求める割合が高いことなどによるものと考えられます。

経済状況には，かなりの差が出ています（表11-3）。平均年間収入は，母子家庭291万円（家族員数3.44人），父子家庭455万円（同3.77人）で，2006年度調査に比べると，両者の差は少し縮まりましたが，

まだ160万円以上の差があります。家族員数が0.33人違うとはいうものの，母子家庭の生活の苦しさを表していると考えられます。

しかしながら，父子家庭に十分な経済基盤があるというわけではありません。父子家庭の平均年間収入は，国民生活基礎調査による児童

表11-2　ひとり親家庭になった理由
【母子家庭】

年次	総数（推計値）	死別	離別				不詳
				離婚	未婚の母	その他	
1967年	515,400	77.1	22.9				－
1973年	626,200	61.9	38.1	26.4	2.4	9.3	－
1978年	633,600	49.9	50.1	37.9	4.8	7.4	－
1983年	718,000	36.1	63.9	49.1	5.3	9.5	－
1988年	849,200	29.7	70.3	62.3	3.6	4.4	－
1993年	789,900	24.6	73.2	64.3	4.7	4.2	2.2
1998年	941,900	18.7	79.9	68.4	7.3	4.2	1.4
2003年	1,225,400	12.0	87.8	79.9	5.8	2.2	0.2
2006年	1,151,000	9.7	89.6	79.7	6.7	3.1	0.7
2011年	1,237,700	7.5	92.5	80.8	7.8	3.9	－

【父子家庭】

年次	総数（推計値）	死別	離別			不詳
				離婚	それ以外	
1983年	167,300	40.0	60.1	54.2	5.8	－
1988年	173,300	35.9	64.1	55.4	8.7	－
1993年	157,300	32.2	65.6	62.6	2.9	2.2
1998年	163,400	31.8	64.9	57.1	7.8	3.3
2003年	174,800	19.2	80.2	74.2	5.9	0.6
2006年	241,000	22.1	77.4	74.4	3.0	0.5
2011年	223,300	16.8	83.2	74.3	8.8	－

（資料：厚生労働省，全国母子世帯等実態調査各年版（定義が一定でないため，推計値は必ずしも単純には比較できない））

表11-3 ひとり親世帯の経済状況

	母子家庭	父子家庭
就業状況	80.6%（84.5）	91.3%（97.5）
正規雇用	39.4%（42.5）	67.2%（72.2）
自営業	2.6%（4.0）	15.6%（16.5）
パート等	47.4%（43.6）	8.0%（3.6）
平均年間世帯収入	291万円（213）	455万円（421）
母（父）就労収入	181万円（171）	360万円（398）

※（　）内の値は，2006年度調査結果。
※収入に関する指標は，2010年の1年間。
（資料：厚生労働省（2012），全国母子世帯等実態調査（2011年調査））

のいる世帯の平均収入を100として比較すると，69.1に過ぎません。母子家庭の場合はさらに低く，44.2と半分以下になっています。

　ひとり親家庭の場合，別れた親からの養育費も重要な経済資源です。同じく，全国母子世帯等実態調査で，養育費の取り決め状況をみると，「取り決めをしている」のは母子家庭37.7%（2006年度調査：38.8%），父子家庭17.5%（同15.5%）となっています。とりわけ，協議離婚の場合，取り決め率が，母子家庭30.1%，父子家庭14.9%と低くなっています。取り決めをしていない理由は，相手に支払う意思や能力がない，相手とかかわりたくない（母子家庭），自分の収入等で経済的に問題がない（父子家庭），などが高くなっています。ちなみに，調査時点で継続的に養育費を受け取っているのは，母子家庭で19.7%，父子家庭では4.1%に過ぎません。

3. ひとり親家庭福祉施策の目的と推進体制

(1) ひとり親家庭福祉施策の目的

　ひとり親家庭になると，その母または父に，家庭を維持していく責任が集中的に課せられることになります。ひとり親家庭福祉施策は，このような責任を遂行しやすいように，環境整備をしたり，直接支援をしたりすることによって，それぞれの家庭および家族員の生活の安定と，自立を図ることを目的として実施されます。

　母子及び父子並びに寡婦福祉法では，国や地方自治体に対して，「母子家庭等及び寡婦の福祉を増進する責務を有する」(第3条第1項) と規定しています。

　一方，母子家庭の母に対しては，「自ら進んでその自立を図り，家庭生活及び職業生活の安定と向上に努めなければならない」(第4条) と，自立に向けての努力を義務づけています。これは，法律上は父子家庭には言及していませんが，ひとり親家庭福祉施策の精神としては同様と考えられます。

(2) ひとり親家庭福祉施策の推進体制

　ひとり親家庭福祉施策は，母子及び父子並びに寡婦福祉法を中心に展開されていますが，とりわけ，自立支援には，単に福祉的意味合いだけでなく，就労の安定化や金銭給付などさまざまな側面からの支援が必要であり，支援内容によって担当する部局などは異なります。

　母子及び父子並びに寡婦福祉法では，母子家庭及び父子家庭並びに寡婦の自立を総合的に促進することを目的として，国が策定する「母子家庭及び寡婦の生活の安定と向上のための措置に関する基本的な方針」に基づき，都道府県（福祉事務所を設置する市町村を含む）に対

して，母子家庭及び寡婦自立促進計画の策定を求めています。この計画では，大きく4つの領域を示し，施策の推進を図ることとしています（図11-1）。

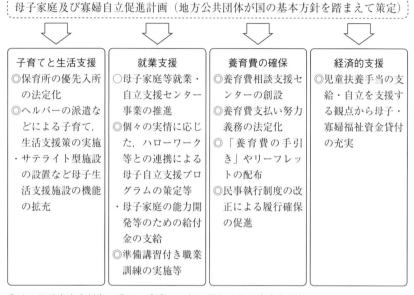

◎は，父子家庭も対象，○は，事業の一部に関して父子家庭も対象。
（資料：厚生労働省（2013），厚生労働白書平成25年版，p.203を修正）

図11-1　ひとり親家庭福祉施策の体系

法改正に伴い，母子家庭及び寡婦自立促進計画は，父子家庭を含めた，「自立促進計画」と名称変更になりました。図11-1の欄外に示すように，すでに父子家庭施策は含まれていますが，表記法は今後変わる可能性があります。また，「母子家庭及び寡婦の生活の安定と向上のための措置に関する基本的な方針」の名称変更を含め，内容も変わる可

能性があります。

　福祉サービスについては，多くが市町村を窓口とした対応となっていますが，ひとり親家庭福祉施策については，計画策定をはじめ，母子生活支援施設の窓口，母子・父子自立支援員の配置など，福祉事務所設置市町村レベルでの対応も少なくありません。

4．主なひとり親家庭福祉施策

　ひとり親家庭福祉施策は，図11-1にも示してあるように，子育てと生活支援，就業支援，養育費の確保，経済的支援の大きく4つに分けることができます。

（1）子育てと生活支援

　子育てや生活の支援のための制度には，さまざまな相談機関，母子家庭・父子家庭日常生活支援事業，子育て短期支援事業，ひとり親家庭生活支援事業，保育所，生活拠点の確保などがあります。

　ひとり親家庭の福祉に関する専門相談機関としては，福祉事務所が位置づけられています。福祉事務所には，非常勤の専門相談員として，母子・父子自立支援員が配置されています。母子・父子自立支援員は，ひとり親家庭の当事者から選ばれるなど，当事者の気持ちに寄り添った支援が心がけられています。母子・父子・寡婦福祉団体等，ひとり親家庭の当事者団体でも電話，メール，面談等，さまざまな形での相談に応じています。

　母子家庭・父子家庭日常生活支援事業は，ひとり親家庭の親が，自立のための資格取得や疾病等により，一時的に家事援助や保育サービスが必要となった場合に，家庭生活支援員を派遣するものです。

　子育て短期支援事業は，児童福祉法に基づくもので，社会的養護サ

ービスの一つとして位置づけられているものです。これは，さらに，短期入所生活援助（ショートステイ）事業と，夜間養護（トワイライトステイ）事業からなっています。

　ひとり親家庭生活支援事業には，生活支援講習会等事業，児童訪問援助（ホームフレンド）事業などが含まれます。これらの事業は，市町村が実施主体となっています。

　保育所は，ひとり親家庭のみを対象とした事業ではありませんが，入所に際して，優先枠を設けたり，入所選考基準において優先性を高めたりするなどの配慮がされています。これは，放課後児童健全育成事業においても同様です。

　生活拠点の確保策としては，児童福祉法で，母子生活支援施設が設けられています。母子生活支援施設は，2011年現在，全国に259施設あり，10,042人の親子が生活しています。利用者のなかには，母に障がいがある家庭も多くなっています。また，近年では，DV被害家庭の避難場所あるいは生活拠点としても活用されています。また，この他，地方自治体によっては，公営住宅への優先入居あるいは専用住宅を設けるなどの施策を講じているところもあります。

（2）就業支援

　生活の長期的安定や自立のためには，就労による経済基盤の確立が重要です。福祉事務所に配属されている母子・父子自立支援員にも，その業務として，職業能力の開発や求職活動支援も期待されています。また，ハローワーク制度の一つとして，2006年から，マザーズハローワークが設置されています（2014年現在，全国に12か所）。マザーズサロンが設けられているハローワークもあり，子どもと一緒でも相談しやすいような環境を整えたり，特化した情報の収集や職場開拓をし

たりするなどの取り組みがされています。

　この他にも，国では，母子家庭等就業・自立支援センター事業，母子自立支援プログラム策定事業，母子家庭・父子家庭自立支援給付金制度などを設け，さまざまな就業支援策を講じています。

　母子家庭等就業・自立支援センター事業は，都道府県（指定都市，中核市）を実施主体とするもので，母子家庭の母に対して，就業相談や就業支援講習会の実施，就業情報の提供等，一貫した就業支援サービスを展開するものです。実際には，母子・父子・寡婦福祉団体などに委託されているところも多くあります。

　母子自立支援プログラム策定事業は，児童扶養手当受給者の自立促進のための個別の支援計画です。これは，ハローワーク（就労支援コーディネーター）と，福祉事務所（母子自立支援プログラム策定員）が協働で策定し，ハローワークに配置される就労支援ナビゲーターが個別にかかわっていく，きめ細かい総合的な取り組みです。

　母子家庭・父子家庭自立支援給付金には，就業に向けた教育訓練講座の受講料の一部負担（自立支援教育訓練給付）や，介護福祉士などの専門資格取得のための教育を受ける際の，生活費の支援（母子家庭高等技能訓練促進費）があります。

（3）養育費の確保

　本章の2．で示したように，離別母子家庭の多くは，養育費を最初から受け取っていなかったり，当初は支払われていてもその後，継続的に支払われていなかったりすることが少なくありません。たとえ，離婚したとしても子どもからみると親であることに変わりはありません。養育費はむろんのこと，親が亡くなった場合には，相続の権利も子どもはもち続けています。養育費の支払いに関しては，母子家庭等就業・

自立支援センターに養育費専門相談員を配置し，離婚時の取り決めやその後の支払い継続についての法律相談なども実施されています。また，民事訴訟法等の改正により，養育費の支払いに滞納があった場合には，裁判所で所定の手続きをすることで，将来分も含めて資産の差し押さえができるようになっています。

さらに，国は，養育費専門相談員をはじめ，養育費の相談を受ける人たちを対象に研修をしたり，困難な事例の相談に応じたりする養育費相談支援センターを創設し，社団法人家庭問題情報センターにその業務を委託しています。

（4）経済的支援

経済的支援策としては，年金，児童扶養手当，貸付金の大きく3つがあります。

ひとり親家庭を対象とした年金は，遺族（基礎）年金です。遺族（基礎）年金は，制度が定める期間，国民年金保険の保険料を納入している加入者である親が死亡した場合に，子どもが18歳を迎えた最初の3月31日（子どもに一定の障がいがある場合，20歳まで延長される）になるまで支給されるものです。年金は，国民年金が対応する遺族基礎年金に加え，厚生年金等加入者については，2階建て部分として遺族厚生年金等が支給されます。

離別や遺族基礎年金の受給資格を満たさない状況でひとり親家庭になったものについては，児童扶養手当が支給されます。子どもの要件は，遺族基礎年金と同様です。手当額は，かつては所得に応じて2段階となっていましたが，現在は，所得に応じて10円単位で細かく設定されています。また，2010年からは，父子家庭も対象となっています。支給は日本国内に住所を有することを要件としており，国籍は問われ

ません。

　ひとり親家庭を対象とした貸付金制度としては，母子及び父子並びに寡婦福祉法で，母子福祉資金，父子福祉資金及び寡婦福祉資金の貸付制度が設けられています。ひとり親家庭の福祉資金貸付金には，事業開始資金，事業継続資金，修学資金，技能習得資金，修業資金，就職支度資金，医療介護資金，生活資金，住宅資金，転宅資金，就学支度資金，結婚資金の12種類があります。低所得者等を対象とした生活福祉資金貸付制度も利用可能です。

5. ひとり親家庭福祉施策の課題

　離別母子世帯の増加などもあり，ひとり親家庭福祉施策の重要性は今後ますます高まるものと考えられます。ひとり親家庭の量的な増加とそのニーズを勘案すると，当面は次のような4つの課題があります。
　第1は，初期の危機対応としての相談体制の整備拡充です。福祉問題は，初期対応が十分に行われると，深刻化の予防につながることが多いといわれています。母子・父子自立支援員などのひとり親家庭に特化した相談員だけでなく，民生委員・児童委員，主任児童委員など，より地域に根づいた相談員の強化とネットワーク化が求められます。
　第2は，経済的・社会的自立を促進することです。年金や手当は，重要な自立のための資源ですが，今後の経済社会状況を考えると，これだけで十分とはいいがたいと考えられます。したがって，多様な就労への参加は必須であり，就労を可能にするような準備教育，相談事業，職場開発，就労あっせんなどが，引き続き必要です。
　第3は，住宅の確保です。住宅は生活の基盤をなすものですが，とりわけ，離別により母子家庭になった場合，当面の住宅確保は重要な課題です。母子生活支援施設はその対策の一つですが，むしろ一般住

宅の確保やグループホーム的な住宅の方が，自立支援に結びつきやすいと考えられます。このような方法を取り入れると，父子家庭への対応も可能となりやすくなります。

　第4は，父子家庭福祉施策の充実です。父子家庭については，就労が可能であるという前提のもとに，長い間，特化した支援策がほとんどありませんでした。2014年から，母子及び寡婦福祉法が改正され，母子及び父子並びに寡婦福祉法となりましたが，すでに制度化されていた父子福祉政策も，現実には，父子家庭にはほとんど届いていません。また，母子家庭ほどではありませんが，就労が制約されやすいこともあってか，経済的に必ずしも安定しているわけではありません。

　さらに，母子家庭のなかにはDV被害家庭も少なくないようであり，これを含めた総合的な支援が必要です。

》注・引用文献

(1) (ひとり親，母子，父子)家庭については，家族，世帯という表記もある。家族構成員の関係を説明する場合は「家族」，生活の状況を説明する場合は「家庭」，生計を説明する場合は「世帯」と表記されることが多い。しかしながら，現実には，家庭にはさまざまな機能があり，これらの用語を厳密に区分して用いることは困難であり，本書では，原則として，家庭と表記する。
(2) 母子及び父子並びに寡婦福祉法は，印刷教材作成中に改正され2014年10月から施行となった。すでに法改正に伴い，それに関連する施策も変化するが，印刷時点では不明であり，反映できていない。また，今後修正されると想定されるものも，現状では変更されていないものがある。学習の際には，最新の資料で修正してほしい。

学習のヒント

1. ひとり親家庭の生活のしづらさがどのような構造で発生するか考えてみましょう。
2. 全国母子世帯等実態調査をインターネット上で入手し，調査結果を丁寧に読み込んでみましょう。

参考文献

1. 神原文子（2010）　子づれシングル―ひとり親家族の自立と社会的支援，明石書店
2. 棚瀬一代（2010）　離婚で壊れる子どもたち：心理臨床家からの警告，光文社新書
3. 佐々木正美（2012）　ひとり親でも子どもは健全に育ちます：シングルのための幸せ子育てアドバイス，小学館
4. 野村恵三子（2013）　73歳シングルマザー波瀾万丈の人生：血は水よりも濃し愛は国境を越えて!!，文芸社
5. 春日キスヨ（2002）　父子家庭を生きる，勁草書房

12 | 障がいのある子どもと子ども家庭福祉

《**目標＆ポイント**》 障がいのある子どもに対する福祉サービスは，「障がい」を軸に構築していく方が望ましいのか，それとも「子ども」を軸に構築していく方が望ましいのか。本章では，単なる福祉サービスの紹介に留まらず，「障がい」観を基礎に，問題を把握することに努めます。また，近年大きく変化している障がい福祉サービスの枠組みについても理解を深めます。
《**キーワード**》 ICF，ICF-CY，障害者総合支援法，発達障がい

1．障がいのとらえ方

(1) 障がいの表記

　障がいには，身体障がい，知的障がい，精神障がい，の3つの種別があります。「障がい」という表記は，制度上は「障害」と記されるのですが，「害」のもつ意味が，障がい者の存在を，社会的に有益でないものと誤解させる可能性があるということで，「障がい」や「しょうがい」と表記することもあります。本書では，「障がい」と表記します。
　ちなみに，「障害」という表記は，第二次世界大戦終了後以降の表記法で，それ以前は，身体障がいを指す場合，「障礙」や「障碍」(いずれも，「しょうがい」と読みます)と表記されていました。知的障がいは，古くは「白痴」，戦後は，しばらく「精神薄弱」と制度上は表記していました。「精神発達遅滞」，「知恵遅れ」などの表現も一般には使われることがありましたが，1999年からは法律が改正され，「知的障害」という

表記に制度上は統一されました。精神障がいについては、精神疾患や精神病など、医療の対象であって、長い間、福祉サービスの対象とはみられていませんでしたが、1995年、精神保健法が、精神保健及び精神障害者福祉に関する法律（通称、精神保健福祉法）に改正され、ようやく福祉サービスとしての位置づけを得ることになりました。

（2）ICFにみる障がいモデル

世界保健機構（WHO）は、2001年、障がいの新しい概念を提唱しました。障がいは、かつては、国際障がい分類（ICIDH）に基づき、機能障がい（impairment）、能力障がい・能力低下（disability）、社会的不利（handicap）という3つのレベルでとらえられていました。しかしながら、この枠組みでは、社会との関係性や、障がいのある個人の主体的な社会生活に関する視点が弱く、新たに、「国際生活機能分類」（ICF：International Classification of Functioning, Disability and Health）という障がいモデルを提唱しました（図12-1）。

このモデルは、大きく「生活機能」と「背景因子」の2分野からなっています。さらに、生活機能は「心身機能・身体構造」、「活動」、「参加」の3要素、背景因子は「環境因子」と「個人因子」の2要素で構

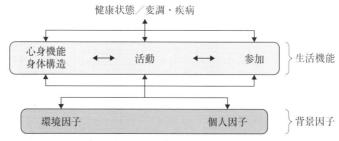

図12-1　国際生活機能分類（ICF）

成されます。障がいは,「機能障がい」,「活動の制限」,「参加の制約」のすべてを含む包括的概念として用いられています。

（3）子ども・青年版の ICF

　子ども・青年期には,発達において特徴的な要素や,それに伴う必要な社会的支援があります。子ども・青年期の障がいモデルとして,ICF を基礎に開発されたものを,国際生活機能分類－子ども・青年版（ICF-CY：International Classification of Functioning, Disability and Health - version for Children & Youth）といいます。

　ICF-CY は ICF の派生分類という位置づけであり,分類構造,カテゴリーは同じで,主として 18 歳未満の子どもを対象としています。18 歳未満という年齢設定は,児童の権利に関する条約に準拠しているものです。ICF 本体は総合的なものですが,ICF-CY は,成長・発達期の特徴を記録するために必要な,詳細な内容を補うものといわれています[1]。

（4）発達障がい

　1980 年代頃から,知的には大きな問題はないにもかかわらず,社会生活において困難を伴う子どもたちの存在が教育現場や福祉現場で意識されるようになりました。このような状況に対して,2004 年,国は発達障害者支援法を制定し,総合的な取り組みを始める事となりました。発達障がいは,障がいの定義としては,明確にされていませんが,精神障害者保健福祉手帳の支給対象としては認められています。知的障がい,精神障がい,身体障がいなどを伴うことも少なくないため,発達障がいが意識される前は,たとえば,知的障がい児として福祉サービスの対象となり,その枠組みで支援されていたと考えることもで

きます。

　発達障がいは，乳幼児期から青年期にかけて，遺伝・体質・脳機能の障がいなどによって発生し，その後も継続する，心身の発達に関する症状ということができます。発達障害者支援法では，「自閉症，アスペルガー症候群その他の広汎性発達障害，学習障害，注意欠陥多動性障害その他これに類する脳機能の障害であってその症状が通常低年齢において発現するものとして政令で定めるもの」と定義しています。その関係を図式化すると，図12-2のようになります。

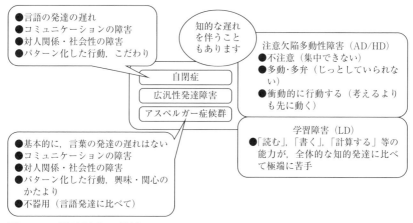

図 12-2　発達障害の特性
　　　　　　（出所：こども未来財団（2013）　目で見る児童福祉 2013，p.36）

2．障がい福祉施策の動向と新たな福祉理念

（1）障がい福祉施策の動向

　保護的な視点の障がい福祉施策に大きな変化をもたらしたのは，国際障害者年（1981）です。ここで掲げられた「完全参加と平等」とい

うスローガンは，国際障がい分類（ICIDH）や国際生活機能分類（ICF）にも大きな影響を与えました。

　日本では，これを受け，「障害者対策に関する長期計画」を策定し，さまざまな改革に乗り出しました。たとえば，1993年には，従来の心身障害者対策基本法を改正し，障害者基本法を成立させました。これは，障がい者を分断された施策の対象とみる考え方を改め，一人の人間としてみるという姿勢を示すものです。

　その後の大きな改革は，発達障害者支援法（2004），障害者自立支援法（2006）の制定です。ここでは，知的障がい，身体障がい，精神障がいの各施策を統合する，新たな施策体系と制度が開始されました。

　国連でも大きな動きがありました。2006年に，「障害者の権利に関する条約」が採択されたことです。日本は，2007年に署名していますが，最終的に批准したのは2014年のことになります。

（２）障害者総合支援法の制定

　直近の改革は，2012年，障害者自立支援法を改正し，「障害者の日常生活及び社会生活を総合的に支援するための法律」（通称：障害者総合支援法）としたことです。

　この法改正では，①障がいの範囲の見直し（一定の難病患者も対象とする），②「障害程度区分」を「障害支援区分」に名称変更（区分は障がいの程度としてとらえるのではなく，支援の必要度ととらえる），③障がい者に対する支援の見直し（ケアホームとグループホームの一元化など），④地域生活支援事業の見直し（地方自治体がおこなう地域生活支援事業の必須事業に新たな事業を追加），などがおこなわれました。

　障がいのある子どもについての内容としては，支援の中心法律を，

再び児童福祉法とすることになりました。地域生活支援を進める方向での施策拡充や、種別ごとの福祉施設の体系を支援目的別の体系へと改正することなどがおこなわれています。

3. 障がいのある子どもに対する福祉施策の目的と対象児の状況

（1）障がいのある子どもに対する福祉施策の目的

障がいのある子どもに対する福祉施策は、子どもと親、さらにそれらを取り巻く環境を対象とし、国際生活機能分類の視点を尊重しながら、親と子の社会生活を構築していくことを目的とします。言い換えると、障がいという特性のある一人の子どもとしてとらえ、その点を長期的視点で保障するために、個人要因や環境要因に働きかけていくということです。

また、「障がい」という特性に着目するあまり、「子ども」であるという事実を軽視してはなりません。「障がい」という特性に対しては、療育的なかかわりや専門施設など、障がいのある子どもの育ちを支援する固有の福祉サービス、さらには障がい児保育など、一般施策を補完する施策などが必要です。しかしながら、このような障がいのある子どものみを対象としたサービスだけでなく、子ども一般を対象とした施策がその前提にあることを忘れてはなりません。

また、障がいのある子どもを育てる場合、家族にも、身体的、精神的さらには経済的負担をもたらす可能性が高くなります。障がいのある子どものきょうだいの生きづらさという視点は、福祉施策ではあまり重視されていないのが現状です。障がいのある子どもの福祉問題への対応においては、育つ子ども自身を支援するという視点のみならず、育てる親、子どものきょうだいを支援するという視点や、育つ環境自

体を改善するという視点が必要です。

（2）障がいのある子どもの状況

身体障害児・者実態調査（2006年度）によると，身体に障がいのある子ども数は，98,500人（在宅93,000人，施設入所5,500人）と推計されています。在宅児についての障がい種別は，肢体不自由53.8％，内部障がい22.2％，聴覚音声言語障がい18.6％，視覚障がい5.3％で，半数以上が肢体不自由です。同じく，在宅児について，障がいの程度をみると，1級49.5％，2級16.3％，3級16.3％，4級8.3％などであり，ほぼ半数が最も障がい程度が重い1級のものとなっています。

知的障がいについては，法律上の定義がありません。2005年に実施された知的障害児（者）基礎調査においては，「知的機能の障害が発達期（おおむね18歳まで）にあらわれ,日常生活に支障が生じているため,何らかの特別の援助を必要とする状態にあるもの」と定義されています。この調査および社会福祉施設等調査に基づく推計では，知的障がいのある子どもは12万5千人（在宅117,000人，施設入所8,000人）となります。在宅の知的障がいのある子どもについては，最重度が2割弱，重度，中度がそれぞれ2割強，軽度が3割弱となっています。

20歳未満で精神障がいのある子どもは，患者調査（2005）や社会福祉施設等調査（2004）などを勘案し，16万4千人（在宅161,000人，施設入所3,000人）と推計されています。

4．障がいのある子どもに対する主な福祉施策

障がいのある子どもに対する福祉サービスは，早期発見・早期療育，在宅福祉サービス，施設福祉サービス，経済的支援，の大きく4つの内容で構成されています。

（1）早期発見・早期療育

　障がいのある子どもを対象とした，早期発見・早期療育を目的とする施策には，手帳制度，療育指導，自立支援医療，補装具の交付・修理，日常生活用具の給付・貸与などがあります。また，母子保健サービスの一環としておこなわれている，妊産婦健康診査，乳幼児健康診査，先天性代謝異常等検査などの健康診査や，保健所・保健センター，児童相談所，家庭児童相談室などでの相談指導，さらには，身体障害者相談員あるいは知的障害者相談員による相談なども，早期発見・早期療育を図るうえで重要な意味をもちます。

　手帳制度としては，身体に障がいのある子どもについては身体障害者手帳，知的に障がいのある子どもについては療育手帳，精神に障がいのある子どもについては精神障害者保健福祉手帳があります。ただし，療育手帳については，法律に基づく制度ではないので，手帳をもたなくても，サービス受給上は大きな問題はありません。発達障がい児については，発達障害者支援法の定義に基づいて，精神障害者保健福祉手帳が交付されます。また，難病の一部が障害者総合支援法の対象として規定されたことにより，2013年度からは，小児慢性特定疾患児童には,小児慢性特定疾患児手帳が交付されています。

　自立支援医療は，身体に障がいのある子どもを対象とするもので，かつては，育成医療として，児童福祉法に規定されていたものです。現在は，障害者総合支援法に基づいて実施されています。

（2）在宅福祉サービス

　障がいのある子どもとその家庭の支援のため在宅福祉サービスには，障害者総合支援法に基づく介護給付としての居宅介護（ホームヘルプ），短期入所（ショートステイ），地域生活支援事業としての日常生

活用具給付等事業，移動支援，日中一時支援事業，児童福祉法に基づく放課後等デイサービス，保育所等訪問支援，障害児相談支援（障害児支援利用援助および継続障害児支援利用援助）などがあります。

移動支援とは，屋外での移動が困難な障がいのある子ども等に対し，外出時の円滑な移動を支援し，自立生活や社会参加を促すものです。

日中一時支援事業とは，自宅で介護をおこなう人の休息等のために，障害者支援施設等において日帰りでの一時預かりをおこなう取り組みです。

放課後等デイサービスとは，小学校，中学校，特別支援学校などに就学している障がいのある子どもを対象にして，放課後や学校の休みの日に，児童発達支援センターや地域の施設などで，生活能力の向上のために必要な訓練，社会との交流の促進などをおこなう取り組みをいいます。

保育所等訪問支援とは，保育所，その他の施設に通う障がいのある子どもを対象にして，施設を訪問し，集団生活への適応のための専門的な支援などをおこなう取り組みをいいます。

このような在宅福祉サービスを親子の状況に合わせて適切に組み立てていくには，一人ひとりに合わせた個別の支援計画が必要です。児童福祉法に基づく障害児支援利用計画はこれに対応するものです。この計画の策定においては，特別支援教育において作成される個別の教育支援計画と調整を図ることが重要です。また，このような個別の支援計画を有効に機能させるために，市町村には，障害者総合支援法に基づき，地域自立支援協議会の設置が求められています。

（3）施設福祉サービス

障がいのある子どもに関する施設福祉サービスは，障害者自立支援

法制定に合わせ，施設の種類，利用方法，費用負担が大きく変わりました。障害者総合支援法でもこれは継続されています。

施設の種類は，改正前は，肢体不自由児施設，知的障害児施設，知的障害児通園施設，重症心身障害児施設，盲・ろうあ児施設という枠組みでしたが，改正後は，児童福祉施設としての名称は，障害児入所施設と児童発達支援センターの2つに整理されました。児童福祉施設の設備及び運営に関する基準では，これをさらに，それぞれ福祉型と医療型に分けています。

利用方法については，児童相談所による措置制度が，原則として，利用者（契約上は保護者）と事業者との直接契約に変わりました。これに合わせ，児童発達支援センターの利用の決定や主たる相談窓口については，都道府県から，市町村に移管されました。保護者が不明な場合，子どもが虐待を受けている場合などには，措置制度により対応されますが，実際には措置による利用は数パーセントに過ぎません。なお，利用に際しては，障害児入所施設の場合は都道府県（政令指定都市，児童相談所設置市を含む），児童発達支援センターの場合は，市町村の認定を受ける必要があります。

費用に関しては，利用者については，保護者の課税所得額に応じて，4区分の負担上限月額（応能負担）が設定されています。事業者は，利用実績に応じて，都道府県または市町村に障害児入所給付費，障害児通所給付費の支給申請をおこない，給付費を受給します。

（4）経済的支援

経済的支援としては，直接金銭を給付する特別児童扶養手当や障害児福祉手当，親亡き後の経済的安定を図るための保険制度である心身障害者扶養共済制度，また，障害者控除や利子課税免除などの税制上

の優遇措置，利用料の減免などのような割引制度があります。

特別児童扶養手当は，知的，身体または精神に中・重度の障がいを有する20歳未満の子どもを，現に監護・養育している人に対して支給されるものです。手当額は，障がいの程度により2段階に分かれていますが，一定以上の所得がある場合や子どもが障害児入所施設に入所している場合，障がいを理由とした他の公的年金を受けている場合などには支給されません。

障害児福祉手当は，在宅の重度障がい児を対象とする手当です。支給対象は，20歳未満であって，常時介護を必要とし，特に障がいの程度が重いものです。特別児童扶養手当と同様の内容で，支給されない場合があります。

心身障害者扶養共済制度は，公的年金とは別に，心身障がい児・者の保護者が生存中に一定額の掛け金を納付することにより，保護者が死亡または重度障がいになった場合，残された子どもに終身一定額の年金を支給するものです。加入は任意で，保護者には年齢要件，健康状況要件などがあります。実施主体は，都道府県および政令指定都市です。

5. 障がいのある子どもに対する福祉施策の課題

障がいのある子どもに対する福祉施策の課題は多くありますが，ここでは，5点を指摘し，簡単に解説しておきます。

第1は，障がいのある子どもに対する施策を強要しすぎないということです。たとえ障がいがあっても，子どもは一人の社会的人格をもった存在です。したがって，障がいに合わせたサービス以前に，成長・発達する一人の子どもとして，家族生活，社会生活が保障されなければなりません。障がいに着目しすぎると，リハビリや訓練などに

重点が置かれがちになり，結果として，子ども期を生きる支援の優先性が下がるということです。換言すると，ICF や ICF-CY の理念に立ち返るということでもあります。

　第2は，早期発見・早期療育体制の整備です。とりわけ子どもの場合，早期発見，早期療育が，本人にとっても保護者にとっても，その後の生活のしづらさを軽減させることになる場合が多いと考えられます。このことは障がいのある子どもに，障がいのない子どもと分離したサービスを提供することを意味しているわけではありません。保護者が状況を受容，理解し，子どもの育ちにふさわしい環境を準備するための自覚を促すということです。したがって，援助者には，子ども自身の立場だけでなく，保護者や家族全員の立場を勘案しつつ援助を進めていくという視点が求められます。このことは，その後の援助の展開場面においても重要です。

　第3は，保護者に対するケアの視点です。障がいのある子どもを，一人のかけがえのない存在として受け止めるという第1段階の課題が克服できたとしても，その後の日々の生活や，成長過程における子ども自身の変化や環境との関係のなかで，保護者は常に想像を超えた問題に直面する可能性があります。また，多くの保護者に共通の課題となっている，自らが高齢期になったり，死んでしまった後の生活をどうするかという問題もあります。レスパイトサービスや保険制度などの公的なサービスは当然のことですが，同じような問題を抱えながら，日々生活している者同士の仲間づくりや相互支援，いわゆるセルフヘルプグループの育成・支援など，インフォーマルなサービスづくりも，本人の立場を尊重した生活支援をしていくためには重要な課題となります。

　第4は，利用者サイドからみたサービス供給システムの整合性と安

定化です。障害者自立支援法以降，かなり整備されてきたとはいえ，在宅サービスと施設サービスの窓口の違い，大人と子どもの違い，さらには，教育，保健・医療，就労など，福祉関連サービスとの関係など，利用者視点でみた場合，不便であったり，理解に高度の能力が求められるものがあります。これらは，短期的には改革が困難であったり，完全に一元化すると制度が肥大化して，かえって柔軟性に欠けたりすることも考えられます。そうすると，利用（者）支援制度あるいはケアマネジメント制度など，相談支援事業の拡充などが重要となります。

　第5は，子どもと保護者の生活観や意思が一致しない場合の対応です。子どもと保護者の生活観や意思が真に一致しているかどうかの検証は困難です。とりわけ，子どもが小さい時や，意思決定能力，意思伝達能力などが低い場合はなおさらです。かといって，専門家が子どもの代弁を適切にできるかというと，それも疑わしいといえます。すなわち，もともと保護者や社会との関係で弱い立場にあるなかで，子ども自身の生活観や意思を適切に擁護できる人が誰なのか，この問題は障がいのある子どもに典型的に現れやすいとはいうものの，子ども家庭福祉共通の課題でもあるといえます。

〉〉注・引用文献
(1) 厚生労働省 HP　国際生活機能分類—小児青年版（仮称）ICF-CY について，http://www.mhlw.go.jp/shingi/2007/03/s0327-5k.html。

**学習の
ヒント**
1．障がいのある子どもの教育については，高等学校レベルまでは，特別支援学校を含め，さまざまな施策があります。短大，大学ではこのような制度上の仕組みはありません。この点について，子ども，保護者，大学関係者の立場から，それぞれ考えてみましょう。
2．本章で示したように，障がい児福祉施設が大きく再編成されました。この再編成について，どのように評価しますか。

参考文献

1．国立特別支援教育総合研究所（2007）　ICF 及び ICF-CY の活用，ジアース教育新社
2．中村尚樹（2013）　最重度の障害児たちが語りはじめるとき，草思社
3．杉山登志郎（2007）　発達障害の子どもたち，講談社現代新書
4．竹田契一（2014）　発達支援をつなぐ地域の仕組み: 糸賀一雄の遺志を継ぐ滋賀県湖南市の実践，ミネルヴァ書房
5．山元加津子（2010）　1/4 の奇跡，マキノ出版ムック

13 | 母子保健と子ども家庭福祉

《目標＆ポイント》 母子保健は，とりわけ，妊娠期から幼児期における母と子の健康を支援するための施策です。母子保健施策は，母子保健法を中心としつつ，児童福祉法や地域保健法などにより実施されています。本章では，母子保健の水準，実施体制，サービスの概要について整理し，今後の課題について検討します。
《キーワード》 母子保健の指標，健やか親子21，母子保健法

1. 母子保健を取り巻く状況

（1）さまざまな母子保健指標

　わが国の母子保健は，母性の尊重と保護，乳幼児の健康の保持増進および児童の健全な育成を基本理念として，児童福祉法の施行以来，年々その内容が充実してきています。とりわけ，1965年，児童福祉法に規定する事業として位置づけられていた母子保健事業を，新たに制定された母子保健法に特化させて以降，めざましくその水準が向上してきました。

　代表的な母子保健の指標である，乳児死亡率，新生児死亡率，妊産婦死亡率をみると（表13-1），1970年以降，いずれも急激に低下し，妊娠から出産後にかけての母と子の命が救われるようになっていることがわかります。

　この改善は国際的にみても非常に高水準で，乳児死亡率についてみ

表 13-1 母子保健関係指標の推移

	乳児死亡率 (出生千対)	新生児死亡率 (出生千対)	妊産婦死亡率 (出産十万対)	死産率 (出産千対)	人工死産率 (出産千対)
1950 年	60.1	27.4	161.2	84.9	43.2
1960 年	30.7	17.0	117.5	100.4	48.1
1970 年	13.1	8.7	48.7	65.3	24.7
1980 年	7.5	4.9	19.5	46.8	18.0
1990 年	4.6	2.6	8.2	42.3	23.9
2000 年	3.2	1.8	6.3	31.2	18.1
2010 年	2.3	1.1	4.1	24.2	13.0
2012 年	2.2	1.0	4.0	23.4	12.6

注：出産数とは，出生数に妊娠満 22 週以後の死産数を加えたもの（1990 年以前は，妊娠満 24 週以降）
（資料：財団法人母子衛生研究会（2013）母子保健の主なる統計，母子保健事業団，pp.22-23）

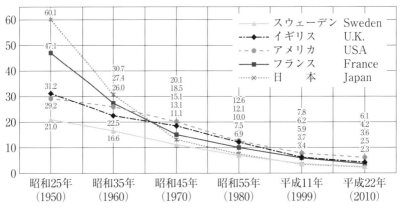

図 13-1 乳児死亡率の国際比較
（資料：こども未来財団（2013）目で見る児童福祉 2013，p.19）

ると，1960 年頃までは，決して低くなかった水準がその後急速に改善し，1980 年には世界の最高水準に達し，その後もこれが維持されてい

ます（図13-1）。新生児死亡率や妊産婦死亡率もこれと同様の傾向を示しています。ただし、妊産婦死亡率については、スウェーデンに次いで第2位となっています。

死産（妊娠満12週以降から出産時までの子どもの死亡）率も、かなり低下しています。このうち、約半数は人工死産（妊娠満22週以降の死）です。

人工死産に対して、それ以前に堕胎することを人工妊娠中絶（自然流産を含む）といいます。人工妊娠中絶は、母体保護法で、「胎児が、母体外において、生命を保続することのできない時期に、人工的に、胎児及びその附属物を母体外に排出すること」と定義されています。「母体外において、生命を保続することのできない時期」については、1991年、それまでの妊娠満24週未満から、妊娠満22週未満に改められました。

人工妊娠中絶率は、低下傾向にあります。とりわけ、「25～34歳」の間の低下が著しいようです。一方、「20歳未満」のものの中絶率も近年はやや低下傾向にあるとはいうものの、長期的視点でみると上昇しています。「20～24歳」のものは、低下率が最も低く、1995年以降は第1位となっています（図13-2）。

（2）母子保健の視点でみた「こうのとりのゆりかご」

子ども虐待は、生まれた子どもの生命や生活が危機にさらされるできごとです。厚生労働省の報告では、2010年度に虐待死と認められた件数は85件（99人）であり、このうち、心中以外の虐待死は56件（58人）となっています[1]。心中以外の虐待で死亡した58人のうち25人は0歳児（43.1％）、3歳未満ではこれが39人（67.2％）となっています。これは、子ども虐待施策の課題であると同時に、母子保健施策

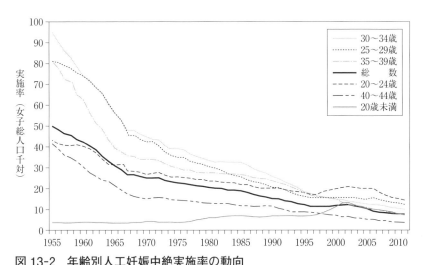

図 13-2　年齢別人工妊娠中絶実施率の動向
（資料：財団法人母子衛生研究会（2013）　母子保健の主なる統計，母子保健事業団，p.87）

の課題であることも意味しています。

　もう一つ，母と子の生命を危機にさらす，母子保健施策の深刻な課題があります。未受診出産あるいは飛び込み出産といわれる状況です。大阪産婦人科医会の調査では，2009～2012 年の 4 年間に 861 件（約 350 分娩に 1 回。2012 年だけでみると，約 250 分娩に 1 回）の事例があったそうです。この報告書でも，「未受診出産と子ども虐待はかなり深い関連性がある」と結論づけています[2]。

　子ども虐待による死亡事例や未受診出産などの問題への取り組みとして，海外には，一般に「赤ちゃんポスト」と呼ばれる，匿名で赤ちゃんを第三者の養育に委ねる仕組みを作っている国があります。

　日本でも，2007 年，熊本市にある慈恵病院が，初めて「こうのとりのゆりかご」という名称で，これに類似する仕組みをつくりました

(図 13-3)。2014年の3月末までに，全国から101人の子どもがここに預けられています。このうち，多くが医療機関外での出産で，なかにはゆりかごへの移動中の車中で出産したなどの報告もあります。母と子の命，いずれもが危機にさらされているということです。

大阪府の調査やこうのとりのゆりかごの実践からは，子の父たる男性，家族などから十分な支えのない状況にある阻害された女性，公的機関に関する情報不足や信頼度の低さ，経済問題など，母子保健施策の重要な課題が明白になっているということです。

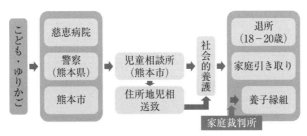

図 13-3　こうのとりのゆりかごの仕組み

2. 母子保健施策の動向と目的

(1) 母子保健施策のあゆみ

1942年，現在の母子健康手帳の前身にあたる妊産婦手帳制度が発足しました。同時に，子ども向けには，乳幼児体力手帳制度も始まっています。妊産婦手帳および乳幼児体力手帳制度は，児童福祉法の制定（1947）により，母子手帳として引き継がれました。当時の児童福祉法には，妊娠の届出，乳幼児健康診査，保健指導なども規定されていました。

児童福祉法から母子保健施策が独立していくのは，1965年の母子保健法の制定によります。ここでは，母子手帳がさらに母子健康手帳となりました。

　母体の保護については，国民優生法（1940）に端を発し，戦後は，優生保護法（1948）のもとに推進されていました。しかしながら，この法律は，その名称にあるように，優生学的思想[3]に基づいており，その目的には，「優生上の見地から不良な子孫の出生を防止する」ことが掲げられていました。この規定が廃止されるのは，1996年の母体保護法の成立時になります。

　このようなさまざまな母子保健の推進体制の整備により，日本の母子保健の水準は大きく向上しました。これをさらに強化するため，1997年の母子保健法の改正に合わせ，効果的な母子保健対策の推進を図るための市町村計画（母子保健計画）の策定を求めることとなりました。母子保健計画は，法定計画ではありませんが，次世代育成支援推進法の制定により，2005年度からは，次世代育成支援市町村行動計画に組み込まれるなど，事実上，法定計画に相当する位置づけを与えられています。

　さらに，2000年，国は，「健やか親子21」を発表しました。これは，21世紀の母子保健の取り組みの方向性と指標や目標を示したものであり，関係機関・団体が一体となって，その達成に取り組む国民運動計画（2001～2010）として位置づけられました。「健やか親子21」では4つの主要課題と61の指標（数値目標）が設定されています（図13-4）。また，さらなる効果を図るため，2014年まで運動期間が延長されています。

課題	①思春期の保健対策の強化と健康教育の推進	②妊娠・出産に関する安全性と快適さの確保と不妊への支援
主な目標（2014年）○第1回中間評価○第2回中間評価により新たに加えた指標	○十代の自殺率（減少）○十代の性感染症罹患率（減少）○児童・生徒における肥満児の割合（減少）○朝食を欠食する子どもの割合（なくす）	○妊産婦死亡率（半減）○産後うつ病の発生率（減少）○産婦人科医、助産師の数（増加）○マタニティマークを利用して効果を感じた母親の割合（50％）
親子	応援期思春期	妊産婦期〜産じょく期胎児期〜新生児期

	③小児保健医療水準を維持・向上させるための環境整備	④子どもの心の安らかな発達の促進と育児不安の軽減
	○全出生数中の低出生体重児の割合（減少）○不慮の事故死亡率（半減）○むし歯のない3歳児の割合（80％以上）	○虐待による死亡数（減少）○出産後1ヵ月時の母乳育児の割合（60％）○食育の取組を推進している地方公共団体の割合（100％）
	育児期新生児期〜乳幼児期〜小児期	育児期新生児期〜乳幼児期〜小児期

図13-4　健やか親子21の推進体制
（資料：こども未来財団（2013）　目で見る児童福祉2013, p.18）

（2）母子保健施策の目的

　母子保健は、母性と子どもの健康の保持、増進を図ることを目的としています。母子保健法では、法の目的、母性の尊重や保護の必要性、子どもの健康保持および増進の意義などについて、総則で示すととも

に，国や地方公共団体に対しては，母性や乳幼児の健康の保持および増進の努力義務を課しています。

　子どもや家庭を取り巻く環境が大きく変化するなかで，母子保健施策の対象や目的も大きく変化しています。乳児死亡率や妊産婦死亡率などが高かった時期には，死亡率の低下を目指した，医療，栄養，保健などを中心に対応が図られていました。しかしながら，今日では，生活習慣等の変化に伴う低体重児の発生，障がいのある子どもの子育て，子育て不安や子ども虐待，思春期の男女に起こるさまざまな問題など，保健，医療という枠組みだけでは解決しがたい問題も増えてきています。

（3）母子保健の推進体制

　母子保健法制定当時は，母子保健事業の多くは，都道府県や政令指定都市を中心に展開されることとなっていました。ところが，地域保健対策強化のための関係法律の整備に関する法律が1994年に公布され，住民に身近で頻度の高い保健サービスについては，市町村において一元的かつきめ細かな対応を図ることとなりました。これに伴い，1997年から，母子保健事業や児童福祉法に基づく事業の一部が，市町村に移管されることとなりました。都道府県と市町村の業務分担については，図13-5のようになっています。

　これに合わせ，市町村は，母子保健に関する基本的事項について，学識経験者，関係機関・団体及び母子保健に関心を有する住民の代表等の意見を聞き，これを施策に反映させるための母子保健連絡協議会を設置することとなっています。また，市町村は，市町村保健センター，母子健康センター等を子育て支援の拠点として整備し，母子保健施策を含めた保健，医療施策を推進するとともに，福祉施策等関連施

	市町村（市町村保健センター）	都道府県等（保健所）
	○基本的母子保健サービス	○専門的母子保健サービス
健康診査等	・妊産婦，乳幼児（1歳6か月児，3歳児）の健康診査	・先天性代謝異常等検査
保健指導等	・母子健康手帳の交付 ・婚前学級，両親学級，育児学級等	←技術的援助 ・不妊専門相談，女性の健康教育等
訪問指導	・妊産婦，新生児訪問指導 ・未熟児訪問指導	
療養援護等	・未熟児養育医療	・小児慢性特定疾患医療支援等

図 13-5　母子保健事業の推進体制
（資料：厚生労働省（2013）　厚生労働白書平成 25 年版（資料編），p.188）

策との連携を図ることとされています。

3. 主な母子保健施策

母子保健施策は，①健康診査等，②保健指導・訪問指導等，③療養援護等，④医療対策等，の大きく4つの領域で進められています。以下，その内容を簡単に紹介しておきます。

（1）健康診査等

現在，母子保健施策として実施されている健康診査には，妊婦健康診査，産婦健康診査，乳幼児健康診査，先天性代謝異常等検査などがあります。
このうち代表的な健康診査は，妊婦健康診査と乳幼児健康診査です。妊婦健康診査は，市町村が実施する妊婦を対象とした健康診査で，妊

娠中に14回程度，指定された診査項目について，公費で実施されます。必要な場合には，精密健康診査も公費負担でおこなわれます。乳幼児健康診査も市町村が実施するもので，母子保健法では，1歳6か月～2歳児期，3歳～4歳児期の2回実施することを義務づけています。これに加え，多くの市町村では，乳児期に1～2回程度健康診査を実施しているところが多いようです。

（2）保健指導・訪問指導等

保健指導の施策としては，妊娠の届出，母子健康手帳の交付，訪問指導，相談指導事業などがあります。

妊娠の届出は，母子保健法に基づき，妊娠したものに課せられている努力義務です。届出先は市町村で，市町村は母子健康手帳を交付します。また，低出生体重児（2,500グラム未満）が出生した場合には，都道府県または保健所設置市にも届け出なければなりません。

訪問指導には，妊産婦訪問指導，新生児訪問指導，未熟児訪問指導，乳児家庭全戸訪問事業（こんにちは赤ちゃん事業）などが，相談指導事業には，母子保健相談指導事業，生涯を通じた女性の健康支援事業，乳幼児発達相談指導事業などがあります。

（3）療養援護等

療養援護の施策としては，養育医療，小児慢性特定疾患医療支援などがあります。

養育医療は，母子保健法に基づき，入院を必要とする未熟児（出生時の体重が2,000グラム以下のもの，または，生活力が特に弱く，重症の黄疸や体温が34度以下など，通知に定めるもの）に対し，養育に必要な医療（養育医療）の給付をおこなうものです。実施主体は市町村

(2012（平成24）年4月現在）

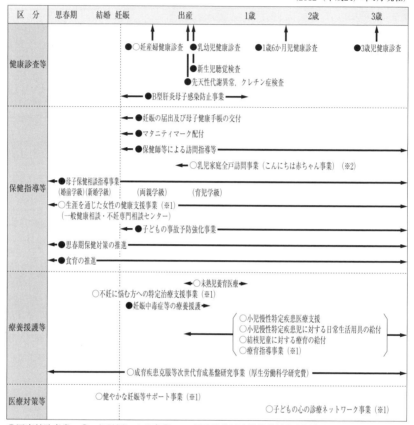

○国庫補助事業　●一般財源による事業　※1母子保健医療対策等総合支援事業　※2子育て支援交付金による事業

（注）妊婦健康診査については，必要な回数（14回程度）のうち，5回分は地方財政措置，残りの9回分は，妊婦健康診査支援基金（平成24年度まで）により，国庫補助（1/2）と地方財政措置（1/2）。

図13-6　主な母子保健施策

（資料：厚生労働省（2013）　厚生労働白書平成25年版（資料編），p.189を一部修正）

で，利用者には，所得に応じて，費用の一部の負担が求められます。

　小児慢性特定疾患医療支援は，ぜんそく，膠原病など，指定された疾患に罹患している子どもの医療費のうち，自己負担分を公費で負担する制度です。原則として18歳未満が対象ですが，疾患によっては20歳まで延長されるものもあります。実施主体は，都道府県，政令指定都市，中核市です。

（4）医療対策等

　医療対策としては，不妊への対応，周産期から出産にかけての医療体制の整備，出産後の医療体制の整備などがおこなわれています。

　不妊治療には医療保険が適用されないため，経済的負担の軽減を図る目的で，体外受精および顕微授精以外の方法では妊娠の見込みがない，または極めて少ないと診断された夫婦については，不妊治療の費用が一定額給付されることがあります。また，不妊専門相談センターや不妊治療センターの整備も，徐々に進められています。

4．母子保健施策の課題

　最後に，母子保健の分野で，近年大きな課題となっているもの，あるいは今後ますます重要度が増すと考えられる施策について，大きく3点指摘しておきます。

　第1は，保健と福祉が連携した，親子の関係づくりの支援です。孤立した子育てや，とりわけ母親に集中的に現れる育児不安などは，出産後から始まるのではなく，プレママ（妊娠）期から始まっていることがしだいに明らかとなっています。保健指導的な妊婦教室から，ふれあい型あるいは仲間づくり型の妊婦教室への転換，保健と福祉が連携した乳幼児家庭訪問や乳幼児健康診査の実施など，狭義の母子保健

施策，あるいはその担い手を中心とした施策展開のみではなく，福祉分野と積極的に連携した施策展開が求められます。

　第2は，思春期の子どもたちを対象とした，メンタルヘルスの視点からの支援です。母子保健施策は，制度上は，思春期問題も視野に入れた施策ですが，現実には乳幼児期や障がいのある子どもを中心としたものとなっており，思春期問題については必ずしも十分な施策が存在しません。この時期の子どもたちに，さまざまなメンタル面での支援が必要と考えられる問題が多発しています。これらに対して，具体的に母子保健施策がどのように対応していくのかも，今後の大きな課題の一つとなります。

　第3は，近年急速に浮上してきた食育の問題です。2005年，食育基本法が制定されました。食生活の細部まで，法律がどのように関与すべきかについては，意見の分かれるところですが，現実に，乳幼児期の食生活が十分でないこと，それが思春期，青年期まで継続していることは明らかであり，国民の健康の促進という意味からも，食生活の充実は重要な課題です。

〉〉注・引用文献

(1) 社会保障審議会児童部会児童虐待等要保護事例の検証に関する専門委員会（2013）子ども虐待による死亡事例等の検証結果，厚生労働省
(2) 大阪産婦人科医会（2013）未受診や飛び込みによる出産等実態調査報告書，平成24年度大阪府委託事業
(3) 生殖管理により，よりよい人材を社会に残すという考え方。そのために，産児制限，人種改良，遺伝子操作などの手段がおこなわれることがある。逆に，「劣性」なる存在は，排除されることにつながる。

1. 妊娠から出産までの間に，親がおこなうべき手続きをシミュレーションしてみましょう。
2. 「こうのとりのゆりかご」の利用にいたる親の背景を考えてみましょう。

参考文献

1. 柏木恭典（2013）赤ちゃんポストと緊急下の女性：未完の母子救済プロジェクト，北大路書房
2. こうのとりのゆりかご検証会議編（2010）「こうのとりのゆりかご」が問いかけるもの，明石書店
3. 松下拡（2008）育児力形成をめざす母子保健，萌文社
4. 母子衛生研究会（2013）わが国の母子保健（平成25年），母子保健事業団
5. 海野信也・渡辺博（2010）母子保健学，診断と治療社

14 | さまざまな子ども育成施策と子ども家庭福祉

《**目標＆ポイント**》 本章では，これまでの各章で紹介してきた子ども家庭福祉施策では紹介できなかった子ども育成施策のうち，私たちが日常生活で出会う可能性が高いものや，近年，大きな課題となっている3つの内容について学習します。
《**キーワード**》 情緒障がい，非行問題，子ども健全育成

1. 情緒障がい児福祉と子ども家庭福祉

（1） 情緒障がい児福祉の目的

　児童福祉法において情緒障がい児に関する定義はなされておらず，心理上あるいは行動上の問題を有し，社会的支援が必要なものといった程度の枠組みで，広くとらえられています。発生原因も，器質的に起こっていると考えられるものもあれば，社会関係のなかで起こっているもの，あるいは両者の偶然の重なりのなかで起こっていると考えられるものもあります。

　情緒障がい児福祉施策は，このような心身状況にある子どもの心の回復を図り，その子ども本来の生活を取り戻すことができるように援助することを目的としています。

（2）情緒障がい児福祉の推進体制

　情緒障がい児の背景は非常に多様です。したがって，その推進体制も必ずしも福祉施策が中心にあるわけではなく，中心が医療であったり，教育であったり，心理であったり，それらが協働的に行われていたりします。

　福祉部門に限定して考えると，基本的には市町村の家庭児童相談室，保健センターなどが中心になって対応しています。入所ケアや，より専門的なケアおよび発達などに関する判定が必要な場合は，児童相談所が対応します。

（3）主な情緒障がい児福祉施策

　情緒障がい児に固有の福祉サービスは，情緒障害児短期治療施設のみです。情緒障害児短期治療施設は児童福祉法制定時には法定化されておらず，1962年の法改正で，児童福祉施設として認められたものです。

　設置時には，「軽度の非行児童を対象とする」と説明され，非行の初期段階あるいは予備軍的なイメージでとらえられていましたが，今日では，社会的養護の枠組みのなかで考えられるのが一般的です。

　情緒障害児短期治療施設には，虐待を受けた子どもや，不登校，引きこもり，AD/HD（注意欠陥多動性障がい）など，さまざまな心のケアが必要な子どもが入所しています。

　また，情緒障がい児のみを対象とするわけではありませんが，重なりがみられる施策として教育分野の取り組みがあります。

　教育分野の取り組みの一つは，スクールカウンセラーの配置です。スクールカウンセラーは，不登校・いじめ・問題行動への適切な対応などを目的として，学校への配置が進んでいるカウンセリングの専門

家で，学校の児童生徒，教職員および保護者からの相談に応じています。

　もう一つの大きな試みは，特別支援教育です。特別支援教育とは，障がいなどの特別な支援が必要な児童生徒の自立や社会参加に向けて，一人ひとりの教育的ニーズを把握して，その力を高め，生活や学習上の困難を改善または克服するために，適切な教育や指導を通じて必要な支援をおこなうものです。ここでいう障がいなどのある児童生徒とは，従来，特別支援教育が対象としてきたものだけでなく，LD（学習障がい），AD/HD，高機能自閉症など，発達障がいといわれるものを含めてとらえられている点が特徴です。

（4）情緒障がい児福祉の課題

　情緒障がい児にかかわる福祉施策の課題の第1は，市町村レベルでの固有性の確立にあります。情緒障がい児福祉施策の多くは，母子保健施策，保育施策，要養護児童福祉施策，被虐待児福祉施策など，これまでの各章で紹介してきた施策のなかに含まれています。とりわけ，固有のサービスが少ないなかで，本来は情緒障がい児としての対応が望ましいと意識されているにもかかわらず，要養護児童福祉施策および被虐待児福祉施策のなかで，援助を受けているものも少なくありません。すなわち，固有の領域が形成されておらず，常に何かの施策に付帯されている状況にあります。近年では，発達障がいへの関心が高まり，主軸はむしろそちらに動いた感じさえあります。

　第2は，量的な充実です。21世紀の母子保健の取り組みの方向性として，国が推進している2014年度までの運動「健やか親子21」では，情緒障害児短期治療施設を全都道府県に設置することが提言されています。情緒障害児短期治療施設の推進体制が，児童相談所を中心とし

ていることからすると，都道府県と政令指定都市はそれぞれ独立して考えられるので，少なくとも全国で約60施設が必要であるという提案です。ところが，2013年現在での設置数は38施設にすぎず，さらに2倍近い施設が必要ということになります。

　第3は，質的な充実です。情緒障害児短期治療施設は，心理療法担当職員が複数配置された，専門性の高い施設です。しかしながら，心理療法担当職員といえども，その養成課程のなかで，情緒障がい児に関する専門性を中心に経験を積んできた者は必ずしも多くありません。ましてや，そのような子どもが集団で，かつ24時間生活を共にしているという状況は，未経験である者がほとんどと考えられ，心理療法担当職員にも，新たな視点での現任研修とスーパーバイズ（熟練者・上級者などによるさまざまな支援）が必要となります。このことは，生活面のケアを行う児童指導員や保育士においても同様です。

　第4は，保健分野，教育分野との連携の強化です。とりわけ，教育分野との連携は重要な課題です。情緒障がい児の問題は，学齢期に顕在化するものが多く，発見から福祉サービスへのつなぎの機能だけでなく，直接的な援助機関としても，学校をはじめとする教育機関の果たす役割は大きいと考えられます。

2. 非行少年福祉と子ども家庭福祉

（1）非行少年福祉の目的

　約30年前の，非行の第3の波と呼ばれた状況以降，触法少年の補導件数は，全体としてみると，減少傾向にあります（図14-1）。刑法犯（交通犯を除く）少年もこの10年間に半減しており，少年の非行はやや沈静化した状況にあります。

　非行少年福祉の目的は，犯した事実以上に，子どものその後の人生

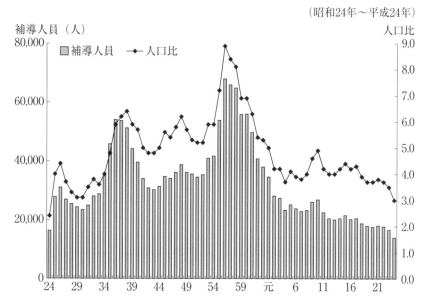

図 14-1　昭和 24 年以降における触法少年（刑法）の補導人員及び人口比の推移

（資料：警察庁生活安全局少年課（2013）　平成 24 年中における少年の補導及び保護の概況）

を考え，環境を含めた生活をどう修正するかが重要です。したがって，その対応も刑罰主義あるいは応報主義ではなく，教育的，環境調整的なものが求められます。

（2）非行少年福祉の推進体制

　非行少年福祉は，児童福祉法および少年法を中心に行われます。児童福祉法では，児童相談所を核とした対応がなされますが，予防的あるいは初期的な対応においては，教育部門を含む，市町村の果たす役割も重要です。少年法では，家庭裁判所を核とした対応がなされます。

非行事実の内容や背景によっては，当然のことながら両者の緊密な連携が必要となります。また，両者に関連する機関である警察，少年補導員，児童委員・主任児童委員，保護司など，公私の地域機関の果たす役割も重要です。

（3）主な非行少年福祉施策
①児童自立支援施設
　児童自立支援施設は，国，都道府県および政令指定都市に設置されており，ほとんどは公立施設です。かつて児童自立支援施設の多くでは，小舎夫婦制と呼ばれる，一組の夫婦が寮舎に住み込み，10人前後の子どもたちのケアを行うという体制をとっていましたが，今日ではこのような体制は崩れ，夫婦以外の組み合わせ，交代勤務の導入など，多様なケア形態になっています。主な職員は，児童自立支援専門員，児童生活支援員です。

　児童自立支援施設は，児童福祉法上の施設であり，児童相談所の措置によって利用が決定しますが，少年法に基づき，家庭裁判所の審判を経て入所するものも一部あります。

　利用している子どもは，非行を犯した者やそのおそれの高いものであることは事実ですが，その半数以上は保護者から虐待を受けていた経験のある子どもたちです。また，同様の事情にあるものでも，児童養護施設や情緒障害児短期治療施設でケアを受けているものもかなり多く，どちらを利用するかは，児童相談所が問題の背景やその後の状況をアセスメントして決めているというのが現状です。

②少年法による原則的な対応
　少年法では，少年を，ぐ犯少年（性格や環境に照らして，将来，罪を犯したり，刑罰法令に触れる行為をするおそれのある者），触法少年

(14歳に満たないで刑罰法令に触れる行為をした者），犯罪少年（罪を犯した者）の3つに分けています。原則的な対応は，ぐ犯少年は，案件によって児童相談所または家庭裁判所のいずれか，触法少年はまず児童相談所，犯罪少年はまず家庭裁判所が取り扱います。

家庭裁判所では審判がおこなわれます。審判に際しては，事前に家庭裁判所調査官による調査がおこなわれ，必要がある場合，観護措置がとられることもあります。このような手続きを経て，審判を開始するかどうかが決定されます。また，児童相談所や検察官への送致という決定もあります。審判が開始されると，不処分（保護処分の必要性がないという判断），保護観察所での保護観察，児童自立支援施設または児童養護施設への送致，児童相談所への送致，少年院送致などが決定されます（図14-2）。

③**少年院**

少年院は，少年院法に基づいて設置される機関で，初等少年院，中等少年院，特別少年院，医療少年院の4種類があります。それぞれの対象は，以下の通りです。

初等少年院：心身に著しい故障のない，おおむね12歳以上おおむね16歳未満の者。

中等少年院：心身に著しい故障のない，おおむね16歳以上20歳未満の者。

特別少年院：心身に著しい故障はないが，犯罪傾向の進んだ，おおむね16歳以上23歳未満の者。

医療少年院：心身に著しい故障のある，おおむね12歳以上26歳未満の者。

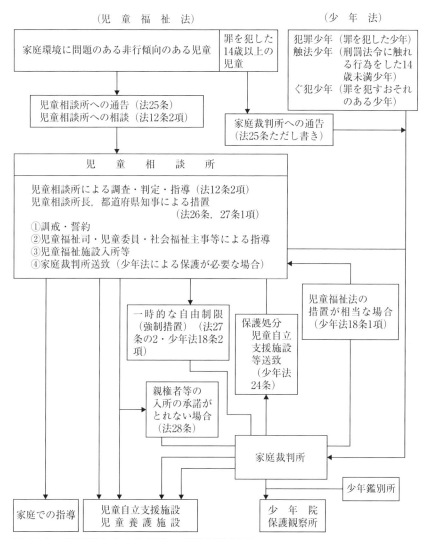

図 14-2　非行傾向のある児童への積極的対応
（出所：厚生統計協会（2013）　国民の福祉と介護の動向 2013/2014，p.90 を一部修正）

(4) 非行少年福祉の課題

 非行少年福祉は，児童福祉分野のなかでも古くから取り組まれている分野であり，多くの成果がみられます。しかしながら，問題の背景や質が時代とともにさまざまに変化しており，新しい課題が常に存在する状況にあります。今日的な課題として，以下，3点を紹介しておきます。

 第1は，地域次元の予防，初期対応のためのネットワークの構築です。非行問題の多くは突然起こることは珍しく，萌芽的な動きが必ずといっていいほど存在します。子どもがまったく外在的な理由なしに，非行に走ることは珍しいと考えられます。問題行動は，家族との関係，友だちとの関係，学校との関係など，子ども自身と環境との関係のなかで発生するものです。問題への援助の過程では，当然のことながらその歪んだ関係の改善が一つのターゲットになります。したがって，このような環境間の関係，ネットワークを構築することが重要な課題となります。

 第2は，児童自立支援施設の活性化です。非行ケースや被虐待ケースが多く存在しているにもかかわらず，児童自立支援施設の入所率は4割程度にすぎません。児童養護施設の入所率が急上昇しているなかで，児童自立支援施設の対応力は弱いといわざるをえません。必要にもかかわらず，十分に活用されていない原因を究明し，必要なケアを提供していく必要があります。

 第3は，情緒障害児短期治療施設と少年法との関係です。非行少年援助において，心のケアが重要な意味をもつケースが増えてきています。また，虐待が非行に結びついているケースも少なくありません。ところが少年法では，家庭裁判所が直接指定できる児童福祉施設として，児童自立支援施設と児童養護施設しか想定していません。情緒障

害児短期治療施設は，心理的ケアの充実した施設であり，非行少年福祉においても，重要な役割を担うものとして位置づけていくことが考えられます。

3．子ども健全育成と子ども家庭福祉

（1）子ども健全育成の目的

すべての子どもたちの健やかな成長と発達を支援することは，子ども家庭福祉の最も基本的な理念です。要養護児童施策，保育施策，障がい児福祉施策など，すべての施策は，この理念の具体化を図るものであり，健全育成を目的としない子ども家庭福祉施策は存在しないといってもよいでしょう。

しかしながら，子ども家庭福祉施策の分野としての子ども健全育成施策という場合には，このような広義の意味合いではなく，児童館や児童遊園など，特別な支援を必要としない，一般の子どもたちに対する施策をさします。また，児童福祉法制定時には，保護的視点のみの法律ではないという性格を与えるものとして，法の制定にあたったものは，健全育成施策を大変重視していたとされています[1]。

子ども健全育成施策の目的は，①身体の健康増進を図る，②心の健康増進を図る，③知的な適応能力を高める，④社会的適応能力を高める，⑤情操を豊かにするなど，子どもたち一人ひとりの個性と発達に応じて積極的に増進していくこと，などにあります。

（2）主な健全育成施策

今日制度化されている主な健全育成施策は，活動拠点の整備，児童福祉文化財の普及，放課後児童健全育成事業，児童育成事業などです。

①活動拠点の整備

健全育成にかかわる拠点としては，児童厚生施設である児童館および児童遊園の整備が代表的です。

児童館は，規模および機能から，①小型児童館，②児童センター，③大型児童館，④その他の児童館，の大きく4つに分けることができます。1990年代に入り，保育所を活用した「保育所併設型民間児童館事業」や「コミュニティ児童館の整備」など，さまざまな子育て支援事業が展開されています。最近では，放課後児童健全育成事業の拠点や地域子育て支援拠点事業の取り組みも進んでいます。

児童館の運営は，かつては市町村の直営事業として取り組まれていましたが，市町村の財政難による廃止や民営化により，ここ10年間くらいは，公営施設の減少が著しくなっています（図14-3）。

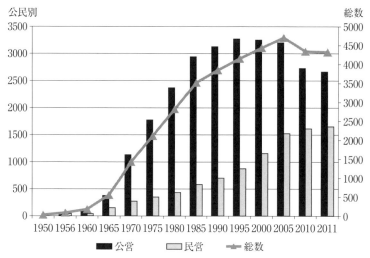

図14-3　公民別児童館数の推移
　　　（資料：厚生労働省『社会福祉施設等調査報告』各年版より）

②児童福祉文化財の普及

人格形成時期に，出版物，舞台芸術，映像メディアなどに直接触れることは，子どもの創造性などを高めるために重要です。社会保障審議会の福祉文化分科会では，このような優れた児童福祉文化財の推薦をおこなっています。

③放課後児童健全育成事業

放課後児童健全育成事業は，保護者が労働などにより昼間家庭にいない子どもに対して，適切な遊びおよび生活の場を与えて，子どもの健全な育成を図ることを目的とした児童クラブを設置し運営するもので，1997年の児童福祉法改正の際，児童福祉事業として法定化されたものです。

近年では，放課後子どもプランとして，保育の必要性の有無に限らず，すべての子どもを対象とした取り組みも進んできています。

④児童育成事業

児童育成事業は，児童手当法における事業主負担を活用した事業です。児童手当法第29条の2では，「育児に関し必要な援助をおこない，又は児童の健康を増進し，若しくは情操を豊かにする事業をおこなう者に対し，助成及び援助をおこなう事業その他の事業であって，第1条の目的の達成に資するもの」と定義されています。

（3）子ども健全育成施策の課題

特定の問題に焦点を当てた施策が中心的に推進されるなかで，すべての子どもを視野に入れた健全育成施策の拡充は遅れがちでした。しかしながら，著しい少子化の進行と，子育て・子育ち問題の普遍化・一般化に伴い，母子保健および保育施策という主として乳幼児期を中心とした施策だけでなく，その連続線上で，健全育成施策の必要性へ

の認識が高まりつつあります。そのなかでも，とりわけ拡充が求められる施策について，3点，課題として指摘しておきます。

　第1は，児童厚生施設に代表される地域拠点の整備です。とりわけ，都市部においては，安全に遊ぶことのできる空間が減少しており，子どもの基礎的な心身の能力の形成が阻害されていると考えられます。また，学齢期の子どもたちがほとんど利用しない，午前中の時間帯を利用した乳幼児期の子育て支援，あるいは地域活動の拠点としての事業拡大など，児童厚生施設に期待される役割は大きいといえます。

　第2は，放課後児童健全育成事業の充実です。保育ニーズの増加とともに，放課後児童健全育成事業へのニーズもまた，急速に増加しています。それに合わせた事業整備も進んでいますが，ニーズを充足するまでには至っていません。また，この事業は，事業創設当初の留守家庭児童対策という基本的枠組みをいまだに残しており，すべての子どもたちの健全育成という視点が弱いようです。すなわち，同じ学校に通っている子どもたちの放課後活動が分断されているという現実があり，この点の検討も必要です。

　第3は，健全育成を支援する地域資源の再編成とネットワーク化です。都市化や個人志向のなかで，地域の機能は弱体化したといわれます。子ども会や母親クラブの活動の衰退はその一つの側面ですが，一方で，退職者で地域活動に興味をもつ人の増加などもあり，このような人材を活用した活動も考えることができます。伝統的な組織に活性化しにくい理由があるとするなら，子育てサークル，子育てネットワーク，スポーツクラブ，ボランティアグループなどの新しい組織を活用した地域づくりも考えられます。仕組みやきっかけづくりとしての「公」の役割と，実際にそれを運営・展開していく「民」の活動とのつなぎが，子どもの健全育成という視点からも必要です。

》》注・引用文献
(1) 松崎芳伸(1997) 日本の将来を託す子どもたちの健やかな成長を願う，こども未来1月号

1．少年非行の動向について調べてみましょう。
2．あなたが子どもの頃，公園や学校等にあった遊具で，なくなったり，姿を変えたりしたものを調べ，その理由を考えてみましょう。

参考文献

1．星野仁彦(2010) 発達障害に気づかない大人たち，祥伝社新書
2．水谷修(2009) 夜回り先生，小学館文庫
3．杉本厚夫(2011) 「かくれんぼ」ができない子どもたち，ミネルヴァ書房
4．八重樫牧子(2012) 児童館の子育ち・子育て支援，相川書房

15 | 子ども家庭福祉の展開と展望

《**目標＆ポイント**》 子ども家庭福祉施策に限らず，社会福祉施策の内容は国民の生活に密着したものであり，常に変化し続ける必要があります。このことは，一方で，生活状況の変化の後追いである点は否めず，常に対応できていない課題があるということを意味しています。本章では，この20年の社会福祉改革，子ども家庭福祉改革を概観し，さらなる課題について検討します。
《**キーワード**》 社会福祉基礎構造改革，社会保障制度改革，子ども・子育てビジョン，子ども・子育て支援新制度

1. 戦後日本の社会福祉の特徴

　戦後日本の社会福祉の特徴は，以下の3点にあります。
　第1は，政策における行政の管理統制が強いということです。たとえば，戦後社会福祉の発展を支えてきた共通の側面として，社会福祉事業法（2000年に社会福祉法に改正）を中心とする社会福祉事業の認定，公営または社会福祉法人による事業推進，措置制度による経営の安定化，などをあげることができます。これによってサービスの安定的供給が図られました。一方，利用者は制度の対象あるいは客体として位置づけられるのみで，主体としての位置づけが弱かったということもできます。
　第2は，これを支えるものとして，社会福祉の費用は国民全体から

の負担である税を中心に進め，利用者の負担をできるだけ少なくしたことです。また，費用徴収において応能負担[1]の原則を導入し，利用者の所得への配慮を，利用料の段階で行うという方法が用いられました。

　第3は，サービス供給システムが，家族を一つの単位として取り扱い，必ずしも個人を単位として扱ってこなかったということです。たとえば，高齢者介護の問題において，高齢者本人と家族介護者との意向がずれた場合，最終的には介護者の方の意向が反映されがちであったことなどはその代表例です。とりわけ，子どもの場合，親は子どものことをよく理解しており，最大の権利擁護者であるという信念のもと，子ども自身の意思以上に，保護者の意思を尊重してきたといえます。

2. ここ 20 年の社会福祉改革の目指したもの

　1990 年代後半から，「社会福祉基礎構造改革」と一般に称せられる改革が進められました。この改革は現在でも，「社会保障と税の一体改革」の名の下，社会保障全体の改革として，継続的に進められています。

(1) 社会福祉基礎構造改革の概要

　第1段階の改革としての社会福祉基礎構造改革では，前節で示した，戦後日本の社会福祉を特徴づけてきた内容を大幅に変えることが目的とされました。その象徴的なできごとが，社会福祉事業法を大幅改正し，社会福祉法を成立させたことです（2000）。社会福祉基礎構造改革は，大きく3つの内容で進められました。

　第1は，国で集権的に対応していた福祉政策の管理を，できるだけ都道府県，さらには基礎自治体である市町村に移管していくというものです。これによって，地方自治体の責任や権限が強化されていきま

した。加えて，制度の基本は法律や通知によって公的に管理しつつも，直接的な事業の実施はできるだけ，企業やNPO法人なども含めた多様な供給主体によって提供するという方策も進められました。

　第2は，これと合わせ，社会福祉の費用負担において，国の割合を減少させるとともに，社会福祉の費用の一部を固定財源ではなく一般財源化したり，社会保険制度に移行したりしていったことです。一般財源化は，地方の裁量を高め，独自の事業展開を可能にするという積極的側面だけではなく，財政力や企画力の弱い自治体では，福祉サービスの拡充の足かせになるという消極的側面もありました。社会保険制度化については，介護保険制度が代表的です。

　第3は，供給者本位の制度から利用者本位の制度への転換です。これには，利用者の意思を尊重した制度への転換と，利用者の人権を侵害しない制度の実現という2つの内容があります。第2章で紹介した人権の側面との関係でいうと，前者は能動的権利に軸足をおいた制度，後者は受動的権利に軸足をおいた制度ということもできます。

　具体的には，前者については，措置制度中心であった社会福祉サービスの利用が，介護保険制度や障害者自立支援制度（現，障害者総合支援制度）のような事業者と利用者との直接契約制度，あるいは，保育所や母子生活支援施設のような利用者と地方自治体との利用契約制度に変化していきました。実践場面でも，利用者の声を尊重したり，利用者によるサービス評価を受けたりする取り組みが進みつつあります。

　後者については，①苦情解決制度の導入（第三者委員や運営適正化委員会制度など），②福祉サービス利用者への虐待等人権侵害に対する取り組み強化（被措置児童等虐待対応など），③サービスの質の改善（児童福祉施設の設備及び運営に関する基準の改正，第三者評価や利用

者評価の推進など），④サービスの透明化（情報提供，情報開示など），などの取り組みが進んでいます。

（2）社会保障制度改革

　社会福祉基礎構造改革が社会福祉制度中心であったのに対して，社会保障制度改革は，文字通り，社会福祉を含む，社会保障制度全般の改革です。

　現在の社会保障制度改革に関する検討は，2010年，内閣府に設置された，「社会保障改革に関する有識者検討会」に始まります。ここでの議論が，「社会保障改革に関する集中検討会議」(2011) に引き継がれ，さらには「社会保障制度改革国民会議」(2012) で本格的な検討が始まります。この会議の検討結果は，「確かな社会保障を将来世代に伝えるための道筋」というサブタイトルをつけた報告書 (2013) として発表されました。

　この報告書は，基本的な考え方として，①日本の社会保障は，自助を基本としつつ，自助の共同化としての共助（＝社会保険制度）が自助を支え，自助・共助で対応できない場合に公的扶助等の公助が補完する仕組みが基本であること，②日本の社会保障は，社会保険方式を基本とし，その上で，負担能力に応じた保険料や免除制度などにより，無職者等を含めたすべての者が加入できるように工夫した仕組みとすること，③「21世紀日本モデル」の社会保障は，すべての世代を給付やサービスの対象とし，すべての世代が，年齢ではなく，負担能力に応じて負担し，支え合う仕組みとすること，④社会保障の給付費を踏まえれば，国民負担の増加は不可欠とし，政策の効果を最小の費用で実施できるよう，徹底した給付の重点化，効率化が必要であること，⑤消費税が増税された後でも，社会保障財源を赤字国債で補っている

状況が解消されるわけではないこと、という認識を示しています。

社会保障改革の対象となるのは、子育て、医療、介護、年金の大きく4分野です。このうち、子育て分野については、表15-1に示すような内容が記載されています。

この中身を実現するための財源の裏づけとなるのが、税制の改革です。税制の改革の中心は消費税法の改正で、消費税を段階的に10％に引き上げていくこととされています。増税分は、「消費税法第1条第2項に規定する経費（年金、医療、介護、少子化施策）、その他社会保障に要する経費にあてるもの」とされています。

当然のことながら、両者の改革は強く関連するものであり、一般に

表15-1 子ども家庭福祉分野を中心にみた社会保障制度改革国民会議報告書のポイント

1. 少子化問題は社会保障全体にかかわる問題。子ども・子育て支援は、親子や家族のためだけでなく、社会保障の持続可能性（担い手の確保）や経済成長にも資するものであり、すべての世代に夢や希望を与える「未来への投資」として取り組むべき。
2. 新制度はすべての子どもたちの健やかな成長を保障することを主眼とし、幼児教育・保育の量的拡大や質の向上、地域の子ども・子育て支援の充実などを進めるもの。
3. 子どもの貧困、特に母子家庭や父子家庭などのひとり親家庭の貧困は看過できない。子どもの貧困は、教育や学習等の機会の格差となり、大人になってからの貧困につながる。障害のある子どもや、虐待の増加も一因となって、社会的養護の必要な子どもも増えており、一層の取り組みが求められている。
4. 幼稚園、保育所に加え、子育て世代の生活環境の変化や働き方の多様化に十分に対応するため、認定こども園の普及推進が必要。また、地域の子育て支援施策の一層の推進が不可欠。
5. 子育て支援は、地域の実情に合わせた施策の立案、実行が必要。質を確保しつつ、小規模保育や家庭的保育の充実など、地域の実態に即して柔軟に対応できる制度への移行が必要。

は「社会保障と税の一体改革」と呼ばれています。この改革は，社会保障の充実・安定化のための財源確保と財政健全化の同時達成を目指すもので，2012年8月，社会保障制度改革推進法及び子ども・子育て支援法の制定，消費税法及び就学前の子どもに関する教育，保育等の総合的な提供の推進に関する法律（通称，認定こども園法）の一部改正など，合わせて8法が成立しました。

3. 子ども家庭福祉分野における改革

この20年間，社会福祉改革が急激に進められたように，子ども家庭福祉分野でも固有の改革が進められています。これは，①1.57ショックを契機とする少子化あるいは子育て支援施策の計画的推進，②第6章で紹介した，児童の権利に関する条約を契機とする社会的養護改革，③第12章で紹介した，障害者自立支援法（現，障害者総合支援法）を契機とする障がいのある子どものための福祉改革，④直近の大きな改革である子ども・子育て支援新制度への取り組みです。ここでは，これまでの各章では十分にふれることのできなかった，①および④の改革について紹介します。

(1) 子ども・子育てビジョン

子ども家庭福祉施策が総合的かつ計画的に推進されるようになったのは，合計特殊出生率が1.57となった1990年以降のことです。最初の計画は，「今後の子育て支援のための施策の基本的方向について（通称，エンゼルプラン）」(1994) で，これは，その後，新エンゼルプラン (1999)，子ども・子育て応援プラン (2004)，子ども・子育てビジョン (2010) へとつながっていきます。これを含め，この間の子育て支援対策の主たる内容を整理すると，図15-1のようになります。

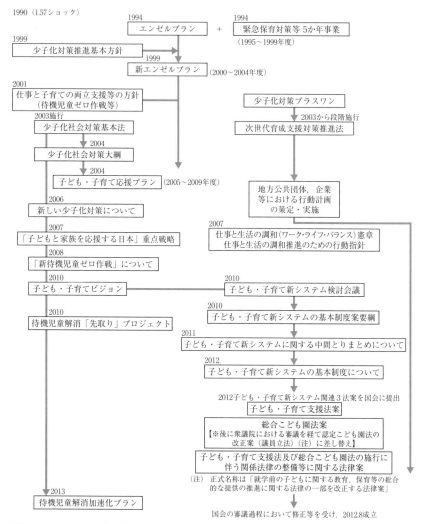

図 15-1　子育て支援対策の経緯
(資料：厚生労働省編 (2013)　厚生労働白書平成 25 年版 (資料編), p.175 を改変)

これらの計画のうち，現在，進行しているのが，「子ども・子育てビジョン〜子どもの笑顔があふれる社会のために〜」です。子ども・子育てビジョンは，少子化社会対策基本法に基づく大綱として定められたもので，2010年から2014年の5年間を計画期間としています。

　計画の全体の構成は，まず，基本理念として，①子どもが主人公（チルドレン・ファースト），②「少子化対策」から「子ども・子育て支援」へ，③生活と仕事と子育ての調和，の3つを掲げています。さらに，基本的な考え方として，①社会全体で子育てを支える，②「希望」がかなえられる，さらに，大切な姿勢として，①生命（いのち）と育ちを大切にする，②困っている声に応える，③生活（くらし）を支える，を示しています。これらの考え方を実現するための主要施策としては，

1．子どもの育ちを支え，若者が安心して成長できる社会へ (1)子どもを社会全体で支えるとともに，教育機会の確保を (2)意欲をもって就業と自立に向かえるように (3)社会生活に必要なことを学ぶ機会を	2．妊娠，出産，子育ての希望が実現できる社会へ (4)安心して妊娠・出産できるように (5)誰もが希望する幼児教育と保育サービスを受けられるように (6)子どもの健康と安全を守り，安心して医療にかかれるように (7)ひとり親家庭の子どもが困らないように (8)特に支援が必要な子どもが健やかに育つように
3．多様なネットワークで子育て力のある地域社会へ (9)子育て支援の拠点やネットワークの充実が図られるように (10)子どもが住まいやまちの中で安全・安心して暮らせるように	4．男性も女性も仕事と生活が調和する社会へ（ワーク・ライフ・バランスの実現） (11)働き方の見直しを (12)仕事と家庭が両立できる職場環境の実現を

図 15-2　目指すべき社会への4本柱と12の主要施策

4本の政策の柱と,それぞれに関係する12の主要施策を示しています(図15-2)。都道府県や市町村は,これに基づいて計画を策定しています。

(2) 子ども・子育て支援新制度
①子ども・子育て支援新制度の目的

5年近くかけて議論されてきた子ども・子育て支援に関する制度改革が,2012年に子ども・子育て支援法として結実しました。この改革は,「子どもを産み,育てやすい社会の創設」を目的とするもので,ポイントは,①幼児期の質の高い学校教育・保育の総合的な提供,②保育の量的拡大・確保,③地域の子ども・子育て支援の充実,の大きく3点にあります。

第1の,幼児期の質の高い学校教育・保育の総合的な提供については,学校教育機能,保育機能,地域子育て支援機能の3つの機能を合わせもつ,認定こども園の拡充が最も大きな内容です。

第2の,保育の量的拡大・確保については,保育所を活用した待機児対策に加え,幼稚園を認定こども園化することによる保育機能の整備,さらには,小規模保育事業,家庭的保育事業などの認可外保育事業への支援により,実現が図られています。

第3の,地域の子ども・子育て支援の充実については,利用者支援事業という窓口的事業の新設と,従来の地域子育て支援拠点事業,放課後児童健全育成事業の拡充などが考えられています。利用者支援事業は,子ども・子育て支援法第59条第1項第1号を根拠とするものです。同法では,市町村に対して,「子ども及びその保護者が,確実に子ども・子育て支援給付を受け,及び地域子ども・子育て支援事業その他の子ども・子育て支援を円滑に利用できるよう,子ども及びその保

護者の身近な場所において，地域の子ども・子育て支援に関する各般の問題につき，子ども又は子どもの保護者からの相談に応じ，必要な情報の提供及び助言をおこなうとともに，関係機関との連絡調整その他の内閣府令で定める便宜の提供を総合的におこなう事業」を実施する責務を課しています。

②子ども・子育て支援の実施および計画主体

新制度では，基礎自治体である市町村が実施主体となりますが，それに際して，国は，子ども・子育て会議を設置し，基本指針を策定することとされています。

市町村は，その基本指針に基づき，市町村子ども・子育て支援事業計画を策定します。その際には，調査審議等を行うための審議会その他の合議制の機関（地方版子ども・子育て会議）をおくよう努めることとされています。都道府県も，都道府県子ども・子育て支援事業支援計画を策定し，市町村による子ども・子育て支援策の実施を国とともに支えることとなっています。また，都道府県も，地方版子ども・子育て会議を置くよう努めることとされています。

③子ども・子育て給付および事業の内容

新制度において実施される事業の総体を給付といいます。国はこれを，子ども・子育て支援給付と地域子ども・子育て支援事業の，大きく2つに分けています。さらに前者は，児童手当，施設型給付，地域型保育給付の3つに分かれます（図15-3）。

地域子ども・子育て支援事業には，延長保育，病児・病後児保育，一時預かり事業，放課後児童クラブなどが含まれます。

④施設型給付の内容

幼稚園の一部と保育所は，新制度のポイントの一つである施設型給付を受けることになります。施設型給付の対象施設は，認定こども園

(幼保連携型，保育所型，幼稚園型，地方裁量型の4類型)，保育所，施設型給付幼稚園の3つになります（図15-4）。民営幼稚園については，施設型給付を受けず，私学助成で引き続き運営することも可能です。現在の保育所は，保育所に留まることもできますが，幼保連携型認定こども園あるいは保育所型認定こども園に移行することも可能です。幼稚園については，私学助成の幼稚園，施設型給付の幼稚園，幼保連携型認定こども園，幼稚園型認定こども園の4つから移行先を選択します。

利用者の選択という点では，これ以外に，地域型保育給付や認可外

図 15-3　給付の構造

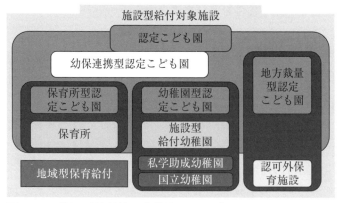

図 15-4　施設型給付等の全体像イメージ

保育施設を選択することも可能です。

　このうち幼保連携型認定こども園が，新しい制度の特徴です。名称は従来と変わりませんが，2015年からは，保育所および幼稚園としての認可が必要なくなり，独立した新しい施設となりました。ただし，児童福祉施設および学校としての性格は継続します。職員は，保育教諭と呼ばれます。

4. 子ども家庭福祉の課題

　すでに示したように，ここ20年，子ども家庭福祉は，多くの分野において改革が進められています。いずれも，かなり大幅な改革であり，まずはこれらの改革の実現が求められます。また，これらの改革は，社会保障制度改革国民会議が提案する社会像を実現するためのものでもあり，子ども家庭福祉分野を超えた重要な課題であるという認識が必要です。

　第2は，改革のための財源の確保です。社会保障制度改革国民会議の認識では，消費税を10％にしたとしても，赤字国債による財源確保部分が残っており，国としての財政が健全化するわけではないとされています。子ども・子育て支援新制度の実現には，1兆円の追加予算が必要とされていますが，消費税増税分（10％）から確保できているのは7,000億円にすぎず，少なくとも残る財源の確保が必要となります。

　第3は，子どもの人権保障に対する社会的意識の向上と，市民も含めた実際の取り組みの強化です。児童の権利に関する条約では，意見表明権など，能動的権利の保障が関心を呼びましたが，わが国の実情は，虐待や貧困など，まだまだ受動的権利次元の課題も少なくありません。

》注・引用文献
(1) 所得が高くなるにしたがって,利用者の費用負担も高くなる負担方式。所得と連動させず,利用したサービス内容によって費用を徴収する方法を,応益負担あるいは定率負担という。

1. 社会福祉法における苦情解決制度の仕組みを整理し,児童福祉施設または社会福祉協議会で,実際にどのような状況になっているかを調べてみましょう。
2. あなたの市町村の子ども・子育て支援事業計画を入手し,その内容を熟読しましょう。

参考文献

1. 伊藤良高・大津尚志・中谷彪・永野典詞編(2012) 子ども・若者政策のフロンティア,晃洋書房
2. 基本制度ワーキングチーム(2012) 子ども・子育て新システムに関する基本制度とりまとめ,
 http://www8.cao.go.jp/shoushi/10motto/08kosodate/wg/index.html#kihon2
3. 中谷奈津子編(2013) 住民主体の地域子育て支援,明石書店
4. 鈴木準(2012) 社会保障と税の一体改革をよむ,日本法令
5. 社会保障制度改革国民会議(2013) 社会保障制度改革国民会議報告書〜確かな社会保障を将来世代に伝えるための道筋〜,
 http://www.kantei.go.jp/jp/singi/kokuminkaigi/1

索引

●配列は五十音順　＊は人名を示す。

●あ 行

赤沢鐘美＊　92
預かり保育　94
網野武博＊　33
石井十次＊　43
石井亮一＊　43
遺族（基礎）年金　154
一時預かり事業　49
一時保護　138
一般財源化　202
移動支援　166
医療少年院　192
院外救済　42
院内救済　42
ウエルビーイング　35
ウチ　38
「エミール」　41
エリザベス救貧法　38
エンゼルプラン　47, 105, 205
エンパワメント　35, 114
応能負担　201
岡村重夫＊　26, 55
岡村理論　26
岡山孤児院　43
大人の所有物　40
親子関係の再構築　140

●か 行

介護保険制度　202
貝塚子育てネットワーク　104
回復を目指した支援　128
学習障がい　188
家族との連携・協同　128
学校教育法　92
家庭裁判所　86, 190
家庭児童相談室　84, 187
家庭生活における個人の尊厳と両性の平等　67
家庭の保育　100
家庭的保育事業　208
家庭的養護　124
家庭的養護と個別化　127
家庭問題情報センター　154
家庭養護　124
感化院　44
感化法　44
完全参加と平等　161
基礎年金　154
基本的人権　31
基本的人権の享有　67
基本方針　149
虐待者　132
客体の側面　55
救護法　29, 44
救貧法　41
教育基本法　92
共助　203
居宅介護　165
居宅訪問型保育　100
金銭給付　71
勤労の権利と児童酷使の禁止　67
苦情解決制度　202
ぐ犯少年　191
経済的・社会的及び文化的権利に関する国際規約　65
継続的支援と連携アプローチ　128

契約の主体　57
現金給付　71
健康で文化的な最低限度の生活を営む権利　67
現物給付　71
憲法第25条　68
高機能自閉症　188
合計特殊出生率　11
後見人の解任　86
後見人の選任　86
公助　203
厚生労働省雇用均等・児童家庭局　78
こうのとりのゆりかご　174
コーピング　114
国際家族年　21, 24, 47
国際障害者年　161
国際障がい分類　159
国際人権規約　64
国際生活機能分類　159
国民優生法　177
個人の尊重及び幸福追求権　67
子育て応援かざぐるま　104
子育てサークル　104
子育て支援短期利用事業　141
子育て短期支援事業　151
子ども・子育て応援プラン　47, 105, 205
子ども・子育て支援新制度　208
子ども・子育て支援法　49, 71, 107
子ども・子育てビジョン　47, 205
子ども虐待　131
子ども健全育成施策　195
子どもの最善の利益　126
子どもの代替的養育に関する国連ガイドライン　121
子どもの貧困対策の推進に関する法律　18, 71
子どもの貧困率　18
小橋勝之助＊　43
コモンセンス・ペアレンティング　114
こんにちは赤ちゃん事業　141
コンピテンス　114

●さ　行
サービスの透明化　203
斎藤峰＊　91
再発予防　140
里親委託ガイドライン　123
強いられた自立　120
事業所内保育施設　100
自己覚知　51
死産率　174
自助　203
次世代育成支援対策推進法　48
施設養護　124
市町村子ども・子育て支援事業計画　130, 209
市町村児童家庭相談援助指針　135
市町村の業務　81
市町村保健センター　86, 141, 179
児童委員　85, 191
児童育成事業　197
児童買春　132
児童家庭支援センター　85
児童館　196
児童虐待の防止等に関する法律　48, 70, 131
児童虐待防止法　44, 131
児童憲章　34
児童権利宣言　32, 43, 65
児童厚生施設　196

児童自立支援施設　191
児童自立支援専門員　191
児童心理司　83
児童生活支援員　191
児童相談所　82, 187
児童相談所運営指針　135
児童手当　73
児童手当法　46, 70, 197
児童の権利に関する条約　21, 24, 32, 43, 64, 121, 131
「児童の世紀」　42
児童買春　132
児童発達支援センター　167
児童は歴史の希望である　44
児童福祉司　83
児童福祉文化財　197
児童福祉法　21, 33, 44, 69, 92, 105, 131
児童福祉法第28条　138
児童福祉法第33条　138
児童福祉法第33条の7　138
児童扶養手当　73
児童扶養手当法　46, 69, 144
児童訪問援助　152
児童保護運営費負担金　75
児童保護法　44
児童ポルノ　132
児童遊園　196
児童養護施設　194
市民的及び政治的権利に関する国際規約　65
社会関係　26, 55
社会的養護　117
社会的養護の課題と将来像　123
社会的養護の基本理念　125
社会的養護の原理　127

社会福祉援助の基本プロセス　54
社会福祉基礎構造改革　24, 201
社会福祉事業法　200
社会福祉審議会　80
社会福祉法　47
社会保険制度　202
社会保障審議会　78
社会保障制度改革　203
社会保障制度改革国民会議　211
社会保障制度改革国民会議報告書　204
社会保障と税の一体改革　205
就学前の子どもに関する教育・保育等の総合的な提供の推進に関する法律　70, 94
就学前保育・教育施策　96
従属人口指数　11
主体的側面　55
恤救規則．29, 38, 43
出生数　11
受動的権利　33, 202
受動的人権　20
主任児童委員　191
ジュネーブ宣言　32, 43
障害支援区分　162
障害児支援利用計画　166
障害児施設給付制度　75
障害児入所施設　167
障害児福祉手当　167
障害者自立支援法　162, 205
障害者総合支援法　162, 205
障害者対策に関する長期計画　162
障害者の権利に関する条約　162
「障がい」という表記　158
小規模住居型児童養育事業　138
小規模保育事業　100, 208
情緒障がい児　186

情緒障害児短期治療施設　187
小児慢性特定疾患医療支援　183
少年院　192
少年院法　86
少年鑑別所　86
少年救護院　44
少年救護法　44
少年補導員　191
ショートステイ　165
触法少年　191
初等少年院　192
自立支援医療　165
自立促進計画　150
仁　38
新エンゼルプラン　47, 105, 205
新救貧法　42
人権・権利の主体　57
親権喪失宣告　138
親権の制限　141
人工妊娠中絶　174
深刻化の予防　140
心身障害者扶養共済制度　168
新生児死亡率　172
身体障がい　158
身体障害者手帳　165
健やか親子21　177, 188
ストレングス　35
ストレングス視点　53
生活支援講習会等事業　152
生活福祉資金貸付制度　155
生活保護法　29
生産年齢人口　16
精神障がい　158
精神障害者保健福祉手帳　165
精神保健及び精神障害者福祉に関する法律

　159
性善説　38
成年後見制度　47
世界児童憲章　43
全国母子世帯等実態調査　146
セルフヘルプグループ　53
選択利用制　47
先天性代謝異常等検査　180
早期発見・早期対応　140
相談指導事業　181
ソーシャル・アクション　114
ソーシャルワーカー　57
ソーシャルワーク　57
措置制度　202
ソト　38

●た　行
第一義的相談窓口　134
第一次社会化　15
待機児童ゼロ作戦　48
第三次社会化　15
第三者評価　47, 202
第三者評価の義務化　124
第二次社会化　15
第二次社会化の場　109
代理（による）ミュンヒハウゼン症候群　132
滝乃川学園　43
立入調査　138
短期入所　165
地域子育て支援拠点事業　49, 85, 94, 107, 141, 208
地域子育て支援センター　94, 104
地域子育て支援のターゲット　111
地域自立支援協議会　166

地域生活支援事業　165
知的障がい　158
地方版子ども・子育て会議　209
注意欠陥多動性障がい（AD/HD）　187
中等少年院　192
直接契約制度　202
チルドレン・ファースト　207
通告　134
つどいの広場事業　106
東京女子師範学校附属幼稚園　91
特別支援教育　188
特別児童扶養手当　73, 167
特別児童扶養手当等の支給に関する法律　46
特別少年院　192
都道府県子ども・子育て支援事業支援計画　130, 209
都道府県児童福祉審議会　138
都道府県の業務　80

●な　行
新潟静修学校　92
21世紀日本モデル　203
日中一時支援事業　166
日本国憲法　67
乳児家庭全戸訪問事業　49
乳児死亡率　172
乳幼児健康診査　180
認可外保育事業　102, 208
認可外保育施設　46, 100
認可制度　102
妊産婦死亡率　172
妊産婦手帳制度　176
妊娠の届出　181
認定こども園　48, 99

認定こども園法　94, 205
妊婦健康診査　180
年少人口指数　11
能動的権利　33, 202
能動的人権　20
能力に応じて教育を受ける権利　67
ノーボディ・パーフェクト　114
野口幽香*　91

●は　行
配偶者暴力相談支援センター　87
博愛社　43
白亜館会議　42
発生予防対策　140
発達障がい　160
発達障害者支援法　161
発達の保障と自立支援　127
バナードホーム　42
犯罪者予防更生法　87
犯罪少年　192
被虐待者　132
非行の第3の波　189
被措置児童等虐待　134
ひとり親家庭生活支援事業　151
ひとり親家庭になった理由　147
ひとり親家庭の福祉資金貸付金　155
ひとり親世帯の経済状況　148
貧民幼稚園　91
ファミリーホーム　138
福沢諭吉*　14
福祉事務所　84
父子福祉資金及び寡婦福祉資金　155
婦人相談所　87
二葉幼稚園　91
不妊治療　183

普遍主義　27
ペアレンツ・プログラム　141
平均寿命　11
へき地保育所　100
ベビーシッター　100
ベビーホテル　46
保育所　92
保育所運営費負担金　75
保育所等訪問支援　166
保育所と幼稚園の主たる相違　99
保育ママ　100
放課後子どもプラン　197
放課後児童健全育成事業　197, 208
放課後等デイサービス　166
法の下の平等　67
法務教官　87
訪問指導　181
ホームフレンド　152
ホームヘルプ　165
保健所　85
保護観察　192
保護観察官　87
保護観察所　87
保護司　191
母子・父子自立支援員　151
母子及び父子並びに寡婦福祉法　144
母子家庭・父子家庭自立支援給付金　153
母子家庭及び寡婦自立促進計画　150
母子家庭及び寡婦の生活の安定と向上のための措置に関する基本的な方針　149
母子家庭等就業・自立支援センター　153
母子家庭日常生活支援事業　151
母子健康手帳　177
母子自立支援プログラム　153
母子生活支援施設　152

母子福祉資金　155
母子福祉法　46
母子保健計画　177
母子保健の指標　172
母子保健法　46, 172
母子保健連絡協議会　179
補装具費の支給　73
母体保護法　177

●ま　行

マザーズハローワーク　152
未熟な自立　120
未受診出産　175
未成年後見人　57
目視による安全確認　138

●や　行

優生保護法　177
養育医療　181
養育支援訪問事業　49
養育費専門相談員　154
養育費の支払い　153
幼保一体化施設　94
幼保連携型認定こども園　94
幼稚園　92
要保護児童対策地域協議会　48, 135, 141

●ら　行

ライフサイクルを見通した支援　129
療育手帳　165
利用契約制度　202
利用者支援　114
利用者支援事業　208
利用者本位の制度　24, 47, 202
臨検　141

倫理綱領　62
レジリエンス　53, 114
レスパイトサービス　169
劣等処遇の原則　42
老年人口指数　11

●**アルファベット**
AD/HD　187
Common Sense Parenting　141
CSP　141

E. ケイ*　42
ICF　159
ICF-CY　160
ICIDH　159
LD　188
MY TREE　141
Nobody's Perfect　141
NP　141
Signs of Safety Approach　141
SoSA　141

著者紹介

山縣　文治 (やまがた・ふみはる)

1954 年	広島県に生まれる
1982 年	大阪市立大学大学院中退後，同助手
2012 年	関西大学人間健康学部教授，現在に至る
主な著書	「施設・里親から巣立った子どもたちの自立」
	（章担当，福村書店）
	「住民主体の地域子育て支援」（章担当，明石書店）
	「夜間保育と子どもたち」（章担当，北大路書房）
社会活動	日本社会福祉学会理事，家庭養護促進協会副理事長など

放送大学教材　1518992-1-1511（テレビ）

少子社会の子ども家庭福祉

発　行　　2015年3月20日　第1刷
　　　　　2018年1月20日　第3刷
著　者　　山縣文治
発行所　　一般財団法人　放送大学教育振興会
　　　　　〒105-0001　東京都港区虎ノ門1-14-1　郵政福祉琴平ビル
　　　　　電話　03（3502）2750

市販用は放送大学教材と同じ内容です。定価はカバーに表示してあります。
落丁本・乱丁本はお取り替えいたします。

Printed in Japan　ISBN978-4-595-31554-1　C1336